决策参考(10)

我国政府债务对收入分配的影响研究

——基于 1978—2007 年的考察

杨长湧　著

中国言实出版社

图书在版编目（CIP）数据

我国政府债务对收入分配的影响研究：基于 1978～2007 年的考察 / 杨长湧著. -- 北京：中国言实出版社，2013.11

ISBN 978-7-5171-0230-4

Ⅰ. ①我… Ⅱ. ①杨… Ⅲ. ①地方财政—债务管理—影响—收入分配—研究报告—中国—1978～2007 Ⅳ. ①F124.7

中国版本图书馆 CIP 数据核字（2013）第 245770 号

责任编辑：周汉飞　马晓冉

出版发行　中国言实出版社
　　　　　　地　址：北京市朝阳区北苑路 180 号加利大厦 5 号楼 105 室
　　　　　　邮　编：100101
　　　　　　电　话：64924716（发行部）　　64924735（邮　购）
　　　　　　　　　　64924853（总编室）　　64914138（编辑部）
　　　　　　网　址：www.zgyscbs.cn
　　　　　　E-mail：zgyscbs@263.net
经　　销　新华书店
印　　刷　北京画中画印刷有限公司
版　　次　2013 年 11 月第 1 版　2013 年 11 月第 1 次印刷
规　　格　710 毫米×1000 毫米　1/16　12 印张
字　　数　209 千字
定　　价　35.00 元　　ISBN 978-7-5171-0230-4

《决策参考》书系出版前言

决策是对未来工作行动的目标、途径和方法所作出的选择和决定，是做好一切工作的必经步骤和前提条件。决策水平是衡量领导水平、执政水平的重要标准。决策上差之毫厘，工作中就会失之千里。决策是否科学和正确，不仅事关经济社会发展的成败兴衰，而且事关党和国家的前途命运。正因为如此，党中央、国务院历来高度重视决策能力建设，特别是党的十六大以来，更是把提高科学民主决策能力作为提高党的执政能力和领导水平的重要方面，要求各级领导机关"树立科学决策意识，健全决策机制，完善决策方式，规范决策程序，强化决策责任，保证决策的正确有效"。党的十八大报告进一步明确指出，要"坚持科学决策、民主决策、依法决策，健全决策机制和程序，发挥思想库作用，建立健全决策问责和纠错制度"。

在中央大政方针的指引下，在党和政府率先科学决策、民主决策、依法决策的示范带动下，各地区、各部门把提高决策科学化民主化水平作为落实科学发展观的具体体现，作为推动依法行政的重要环节，作为促进社会和谐的重要举措，不断健全决策机制、完善决策程序、强化责任追究制度，加快推进决策的科学化民主化。各级党政部门、企事业单位的政策研究和决策咨询部门，不仅自觉发挥推动科学决策的思想库作用，还主动围绕提高科学决策水平深入开展调查研究，为推进决策科学化民主化提供了大量重要参考依据。综观党和政府近些年来作出的正确决策，不论是全面建设小康社会、构建社会主义和谐社会等重大任务和科教兴国、可持续发展、人才强国等重大战略的提出，还是农民工权益保护、土地管理制度改革、农业补贴、能源价格、社会保障、科技、文化、教育、医疗卫生事业发展等具体政策措施的制定出台，都是在深入调查研究基础上作出的科学决策，也都凝聚着政策研究和决策咨询工作者的智慧和汗水。本套丛书所收录的书稿，就是国务院政策研究和咨询部门——国务院研究室同志，以及各级党委、政府、企事业单位的政策研究部门围绕中心工作，独立或与其他部门同志合作调查研究后形成的优秀调研成果。其中，很多成果得到了国务院领导同志，省、部领导同志的重视和批示，为相关政策制定和实施发挥了重要推动作用，为党和政府科学决策、民主决策、依法决策提供了重要参考。总的看，这些决策参考成果主要有三个特点：一是把调查研究作为提出决策参考的基本方法和必经程序，充分体现了我们党坚持实事求是、与时俱进，运用马克思主义的立场、观点和方法积极探索建设中国特色社会主义的科学精神；二是把调查研究作为把握工作主动权、推动工作创新的重要抓手，针对经济社会发展中的重点、难点、热点问题，集中力量深入研究，提出解决问题的目标和措施，创造性地推动工作；三是把调查研究作为密切联系群众的基本实现形式，坚持问政于民、问需于民、问计于民，既认真总结群众在实践中创造的好经验、好做法，又注重倾听群众对现行政策措施的看法和意见，提出的政策建议最终都受到群众的欢迎和拥护。

我们相信，认真分析研究这套丛书中的决策参考成果和其推动出台的政策措施，对于及时跟踪和发现经济社会发展中的热点、难点问题，深入开展调查研究，提出具有针对性、操作性的政策建议，更好地推动科学民主决策将具有重要作用。

编　者
2013 年 8 月

序 言

王大树

　　此书是在杨长湧同志博士论文的基础上完成出版的。以该书部分观点为基础的一篇论文，曾在美国西部社会科学学会全国年会上宣读并获得专家好评。该博士论文也曾被北大经济学院推荐参评北大校级优秀博士论文，惜长湧工作后任务繁重，未能及时发表以扩大影响力，故未成功获奖。此次受中国言实出版社热情鼓励，他终于决定将该书出版。作为其博士论文指导老师之一，我对此乐见其成，谨表祝贺。

　　本书运用逻辑分析和计量实证方法，对 1978 至 2007 年我国政府债务对收入分配的影响进行了系统深入的考察，为相关领域的研究增添了不少"边际"知识。我认为，该研究的主要价值在于，将当前和未来较长时期中国经济的两个热点问题——政府债务与收入分配联系起来，提供了分析公共政策对收入分配影响的一条路径和一个框架。研究得到的结论，对于我国公债投资方向调整、税制改革等具有一定的启发作用。

　　长湧博士自到国家发改委对外经济研究所工作后，开始逐步转向政策研究。虽然政策研究与在高校时的理论研究，从研究领域、研究方法和文字风格等方面都有一定区别。但本书关注现实热点问题的取向，及注重逻辑分析和数据实证的研究方法，无疑为他从事政策研究打下了很好的基础，使他能较好地完成从一名学生向一名政策研究人员的转型。希望他今后能继续秉持求真务实的研究精神，在政策研究领域做出更多成绩，为国家乃至为人类的知识宝库增添更多色彩。

（作者系北京大学经济学院教授、博士生导师）

目 录

导 论

改革开放后，我国经济发展取得了举世瞩目的成就，为整个世界经济的发展注入了强大的生机和活力。在我国经济发展的过程中，有两个特征尤其引人注目：一个是我国收入分配差距在不断扩大。表 1 反映了改革开放后我国收入分配差距的变动趋势[①]：

表 1　改革开放以来我国收入分配的变动趋势

年份	基尼系数（%）	覆盖地区	覆盖人口	覆盖年龄	收入单位	分析单位
1980	29.5	全部	全部	全部	—	个人
1982	28.7	全部	全部	全部	—	个人
1983	26.9	全部	全部	全部	—	个人
1984	24.4	全部	全部	全部	—	个人
1985	30.0	全部	全部	全部	—	个人
1986	31.8	全部	全部	全部	—	个人
1987	33.1	全部	全部	全部	—	个人
1988	33.7	全部	全部	全部	—	个人
1989	35.6	全部	全部	全部	—	个人
1990	34.0	全部	全部	全部	—	个人
1991	37.3	全部	全部	全部	—	个人
1992	36.3	全部	全部	全部	—	个人
1995	29.0	全部	全部	全部	家庭	个人
1996	39.0	全部	全部	全部	家庭	个人
1998	40.3	全部	全部	全部	家庭	个人
2000	39.0	全部	全部	全部	家庭	个人
2001	44.76	全部	全部	全部	家庭	个人
2002	45.36	全部	全部	全部	家庭	个人
2003	44.9	全部	全部	全部	家庭	个人

数据来源：联合国大学世界发展经济学研究院 www.wider.unu.edu.

[①]联合国大学世界发展经济学研究院的收入分配不平等数据库，其收入分配不平等数据往往来源于不同机构或不同个人的测算结果。笔者尽量选取了来源相同的数据，以利于进行纵向比较。

　　表1显示，根据联合国大学世界发展经济学研究院的调查统计，改革开放初期，我国收入分配的基尼系数只有0.295；而到了2003年，这一数据已上升至0.449，我国已成为收入分配明显不平等的国家。收入分配不平等的问题，已引起了我国政府的高度重视。收入分配的不平等，不仅是一个经济问题，而且是一个政治问题，社会问题。这一问题解决得好，则有利于经济的持续发展，政治的稳定和社会的进步；但如果解决得不好，则会阻碍经济的发展，使得最广大的人民群众享受不到经济发展的成果，带来政治的不稳定和社会的退步。因此，这一问题不能不引起我们的高度关注。

　　另一个特征是我国政府债务的规模在不断扩大。表2反映了改革开放后我国政府债务变动的趋势。

表2　改革开放以来我国政府债务规模的变动趋势

年份	公债依存度	公债偿债率	公债负担率
1979	—	—	0.009
1980	—	—	0.017
1981	0.043	—	0.041
1982	0.036	—	0.053
1983	0.029	—	0.061
1984	0.025	—	0.061
1985	0.03	—	0.059
1986	0.028	0.004	0.064
1987	0.028	0.01	0.071
1988	0.037	0.012	0.073
1989	0.02	0.007	0.088
1990	0.029	0.037	0.094
1991	0.056	0.047	0.095
1992	0.097	0.088	0.089
1993	0.065	0.048	0.082
1994	0.167	0.058	0.077
1995	0.199	0.101	0.074
1996	0.201	0.137	0.073
1997	0.218	0.165	0.074
1998	0.248	0.171	0.082
1999	0.247	0.118	0.098
2000	0.238	0.088	0.115
2001	0.215	0.092	0.129

续表

年份	公债依存度	公债偿债率	公债负担率
2002	0.231	0.1	0.144
2003	0.219	0.104	0.152
2004	0.21	0.107	0.15
2005	0.183	0.101	0.147

数据来源：笔者自己计算。

表 2 反映了我国改革开放后至 2005 年，衡量公债规模的三个主要指标——公债依存度、公债偿债率和公债负担率的变化情况。所谓公债依存度，是指一定时期内公债发行额占当年财政支出的比重[1]。所谓公债偿债率，是指当年到期还本付息的国债总额占当年财政收入的比重[2]。这两个指标，可被视为衡量公债流量规模的两个指标。所谓公债负担率，是指一定时点的公债余额占当时 GDP 的比重。这个指标，可以视为衡量公债存量规模的指标。计算公债依存度与公债偿债率，笔者都使用的是国内公债而不是全部公债的数据；而计算公债负担率时，由于笔者得不到内债余额的数据，因此只有使用全部公债的公债负担率来近似的替代。

从表 2 可看出，无论从哪个指标看，我国改革开放后至 2005 年公债规模的变化都可以用急剧膨胀来形容。尤其是自上个世纪末，我国将国债作为政府干预经济的有效手段以来，国债在我国经济生活中的作用更是日益重要，其对经济社会生活的直接和间接影响越来越不容忽视。

然而，这两个特征之间是否有着内在的联系？公共债务，其中主要是国内公债，对我国收入分配差距的拉大是否起到了推动作用？

考察国内外关于收入分配的文献，对这个问题的关注与研究似乎较少。就国外而言，目前对收入分配进行研究的文献大致可分为两类，一类是建立理论模型，探究影响收入分配的因素（例如，Robinson，1976；Williamson 和 Lindert，1980、1984；Galor 和 Tsiddon，1996；You 和 Dutt，1996）；另一类是进行实证研究，探讨各经济变量对收入分配的影响（例如，Aigner 和 Heins，

[1] 笔者认为，计算公债依存度时，应使用含有公债还本付息支出的财政支出作为分母。因为我国债务收入中有一部分是用作偿还公债本金的，如果不将公债的还本付息支出算到财政支出中的话，算得的公债依存度有偏大之嫌。
[2] 同理，计算公债偿债率时，也应使用含有公债收入的财政收入作为分母。

1967；Ahluwalia，1976；Weede 和 Tiefenbach，1981；Nielsen 和 Alderson，1997；Vanhoudt，1998；Bourguignon 和 Morrisson，1998；Barro，2000；Odedokun 和 Round，2004）。但无论是哪一类文献，在影响收入分配的因素中，政府债务，特别是国内公债，都不是重点被考虑的对象（除 You 和 Dutt1996 年的文章外，不过他们的文章也主要是在探讨公债利息对收入分配的影响，没有涉及公债本金。）

就国内而言，随着我国改革开放的不断深入，收入分配也越来越成为人们研究和关注的热点问题（孔泾源，2005）。一些学者对库兹涅茨倒 U 型曲线在我国的适用性做了一些研究（例如，李实等，2000；何莉，2001）；另一些学者对造成我国不同类型的收入分配差距（整体收入分配、地区收入分配、农村内部的收入分配等）的因素进行了实证性研究（例如，Zhou，2000；Yao 和 Zhang，2001；Wu 和 Zhou，2005；Zhu 和 Luo，2006）。然而，一方面，由于收入分配数据的相对缺乏，我国收入分配研究还处于刚刚起步阶段，较之国外而言，无论是理论分析还是实证研究，都还有一定的差距；另一方面，学者们使用的数据绝大多数都是家庭抽样调查数据，因此在分析影响收入分配差距的因素时，集中关注属于家庭特征的一系列变量，比如家庭人口多少、家庭政治地位、家庭成员受教育程度等，而对宏观经济变量，比如经济增长水平、经济对外开放度等对收入分配的影响，却几乎没有涉及。

就公债作为一个宏观经济变量对其他变量的影响而言，国内外许多学者都主要关注公债对经济增长的影响（比如，Schclarek，2004；Lin，2000；高培勇，1995）。至于公债对收入分配的影响，国外学者一般关注两个主题：一是公债利息对不同阶层收入的影响（比如，Cohen，1951）；二是围绕李嘉图等价定理，探讨公债对代际收入分配的影响；而国内则似乎还没有关于公债对收入分配影响的集中研究成果。

本研究以 1978 年至 2007 年这一时间段为考察对象，就公共债务对收入分配的影响进行研究。通过本研究，可以对 1978 年至 2007 年我国公共债务对收入分配的影响有一个明确的了解，从而为我国制定有关国债方面的财政政策提供收入分配效应方面的参考。在研究中，公债、国债和政府债务这三个概念的外延是相同的，都指的是我国中央政府承担的国内债务。由于我国的地方政府没有自主发行债券的权力，而我国的外债在整个政府债务结构中只占非常小的比例，因此这种概念上的通用，不会引起意义的混淆。

本文的结构如下：

第一章为文献综述，笔者对有关收入分配的一般性文献、关于中国收入分配的文献以及关于二元经济结构的文献中比较重要的一些文章做了扼要的综述。

第二章从城乡、地区和城乡内部各收入阶层三个角度，研究 1978—2007 年我国的收入分配状况。笔者运用一定的方法，使用基尼系数作为衡量收入差距的指标，对各类基尼系数进行了计算与分解。研究的结果表明，1978—2007 年，我国收入分配差距总体呈扩大趋势。其中，城乡之间的收入差距，是解释收入分配差距的主要因素；而地区之间收入差距的解释力，则远在其次。就城乡内部而言，城乡各自收入差距都呈扩大趋势，但农村与农村之间的收入差距始终大于城镇与城镇之间；就地区内部而言，各地区的收入差距都呈扩大趋势，但西部的收入差距大部分时期都大于东部和中部；就城乡内部各收入阶层而言，各阶层间的收入差距都呈扩大趋势，但城镇内部各阶层间收入差距的拉大，要比农村内部严重得多。本部分的研究，主要目的在于对我国 1978—2007 年收入分配的状况、变动及造成收入分配差距的原因作全面的统一的定量分析，并为下面就我国公债对收入分配的影响进行的实证研究提供数据基础。

第三章在二元经济模型的框架下，讨论公债对收入分配的影响。笔者以基尼系数做为衡量收入分配差距的指标，先在二元经济模型下讨论城市劳动力占总劳动力的比重、农村有效劳动力占农村初始劳动力的比重、城市资本劳动比、农村资本–有效劳动比以及农村劳动生产率等关键变量对收入分配的影响。在此基础上，笔者分发行、使用和本金偿付三个环节，讨论公债对这些关键变量的影响，从而导出公债对收入分配的影响。最后笔者简要说明了该二元经济模型及其结论在我国的适用性。笔者认为，在本文的二元经济模型下，根据我国 1978—2007 年经济、人口和公债的状况，我国公债对收入分配差距的拉大会起到推动作用；不过，随着我国工业化和城市化发展到一定程度，城市人口占总人口的比重越过了临界比例，公债投资的重点方向转向农村，公债将对缩小收入分配差距起到积极的作用。

第四章就我国公债对收入分配的影响进行实证研究。笔者将收入分配分为名义收入的总体分配状况、名义收入的城乡之间分配状况、实际收入的总体分配状况和实际收入的城乡之间分配状况四个方面，分别考察公债流量和公债存量对这四个方面分配状况的影响。笔者以基尼系数为被解释变量，以公债依存度和中央公债依存度作为公债流量的指标，以公债负担率作为公债存量的指标，选择一系列控制变量，对公债与收入分配之间的关系进行回归分析。分析结果表明，无论是哪个方面的收入分配状况，公债流量和公债存量规模的扩大，都对收入分配差距的拉大有正的影响。不过，二者与收入分配的关系不尽相同。以公债依存度和中央公债依存度为指标的公债流量，与收入分配之间呈倒 U 型曲线关系，我国目前可能正处于其左半段上；而以公债负担率为指标的公债存量，则与收入分配呈正的线性关系。本部分的研究，可视为就公债本金对收入分配的影响进行的实证研究；而第五章则考察公债利息对收入分配的影响作用。

第五章就我国公债利息支付对收入分配的影响进行考察。文章首先通过一个简单模型，探讨哪些因素决定了公债利息支出的收入分配效应。然后，以2002 年为例，对我国国债利息支出的收入分配效应进行了实际考察，并对2003—2006 年的情况做了完整的分析。最后，笔者运用模型得到的结论，对考察的结果进行了简单的解释和说明。笔者认为，公债利息支付带来的收入分配格局，取决于各收入阶层持有的国债份额的相对大小以及各自承担的税负的相对大小。因此，该收入分配格局是将税制结构和公债的债权人结构进行综合考量的结果。就我国而言，2002—2006 年，我国国债利息支付有利于收入相对较高的阶层，而不利于收入相对较低的阶层，其原因正是因为收入较高的阶层持有了较高的国债份额，而负担了较低的税收份额；相反，收入较低的阶层持有的国债份额较少，而负担的税收份额却较高。

第六章为结语。在这部分，笔者简要概括了本研究的内容、结构和结论，明确了本研究对相关领域研究的贡献，并提出了本研究可以进一步改进的地方。

第一章
文献综述

第一节　关于收入分配的
一般性理论和实证的若干文献

　　Kuznets（1955）研究经济增长与收入不平等的关系。他以美国、英国和德国三个国家的历史状况作为研究的样本，发现这些国家历史上的收入分配，大致都经历了先上升后下降的过程。人们长期认为，发达国家长期收入水平差距是拉大的。Kuznets 的发现，对这一观点提出了挑战。传统认为，发达国家人们收入差距拉大的原因主要是两个：一是高收入者占有了几乎全部的储蓄，这些储蓄带来的收入又可以作为生利资产，为高收入者带来更多的收入；二是城市的收入差距大于农村，随着工业化与城市化的加速，城市人口增多，城市在计算全国收入差距时的权重加大，同时城乡人均生产率差距会越来越大。因为这两个原因，全国整体的收入差距会拉大。Kuznets 对这两个原因进行了辨析。关于储蓄问题，他认为高收入阶层的高储蓄对其收入的影响，要受到收入政策、不同阶层的人口增长速度和经济不同行业的兴衰的影响，不会成为导致收入差距扩大的重要原因；关于城市化进程中的人口迁移问题，他通过一个简单模型说明，农村人口的减少、城市人口的增加，并不必然导致收入分配差距的拉大。城乡之间人均收入差距的扩大、城乡内部各自收入差距的扩大，才是整体收入分配差距拉大的主要原因；而随着发达国家经济的发展，城乡之间和城乡内部的收入差距，都应该经历先上升后下降的过程。在此基础上，Kuznets 提出了关于收入分配的著名的倒 U 型曲线假说：经济增长的早期阶段，当前工业文明向工业文明转变的速度最快时，收入分配差距是拉大的；随后会出现一段时间的稳定期；而在经济发展的后期阶段，收入分配差距则会出现下降。

由于数据的不足，Kuznets 提出的许多观点都缺乏实证基础，属于假想性质。尽管如此，他打开了研究增长问题的一个关键点，将人们的注意力吸引到了收入分配问题上，极大启发了后来的研究者。在此之后研究收入分配问题的文献，几乎都无法绕过 Kuznets 的理论假说。可以说，Kuznets 的倒 U 型曲线理论，是收入分配理论历史上的一座丰碑。

自从 Kuznets 提出收入分配的倒 U 型曲线假说后，对收入分配的研究在理论和实证两方面都开始流行起来。在理论方面，Robinson（1976）通过一个简单的模型，证明了库兹涅茨倒 U 型曲线必然存在。他假设经济被分为两个部门，两部门中有着不同的平均收入和收入分配状况，其中一个部门的人口在经济发展过程中持续上升。通过这个简单模型，Robinson 说明了，只要这些假设条件能够满足，那么收入分配的变动过程必然经历倒 U 型曲线。

Williamson 和 Lindert（1980，1984）详细考察了美国历史上的收入分配格局及其形成的原因。他们通过考察美国 1820 年到 20 世纪 50 年代长达 130 多年的历史发现，美国历史上收入分配的长期趋势大致符合库兹涅茨倒 U 型曲线：1929 年之前，美国的收入分配差距大体呈扩大趋势；而 1929 年后到 1950 年代，收入分配则呈更平等的趋势。他们对这种长期的收入分配趋势形成的原因作了详细的考察。他们认为，通常用来解释美国收入分配差距变动的因素，包括通货膨胀水平、政府政策、工会的兴衰、土地供给的变动以及恩格尔定律等，要么只能用来解释短期的收入差距变动，要么本身也是一个内生变量，需要和收入分配差距一起被其他变量来解释。他们认为，真正对美国长期收入分配差距变动起决定性影响的是四个变量：1. 部门间不平衡的技术进步。不同部门的技术进步进程不同，导致不同部门的全要素生产率的提高速度不同，这是影响美国长期收入分配差距的关键因素。另外，对于总体的经济增长，对于工业化、城市化和结构变迁，对于商品相对价格的系统性变动，它都能提供外生性的解释。2. 由于生育率和人口迁移的变化而导致的劳动力供给尤其是非熟练劳动力供给的变动。劳动力供给的变化对收入分配的影响途径很多，Williamson 和 Lindert 列举了七种可能的途径，包括减少家庭规模方面的差异、减少技术分布的差异、减少进入劳动力市场的非熟练工人数量等。3. 资本积累的速度，是影响美国收入分配的又一个关键变量。Williamson 和 Lindert 认为，资本积累本身也可视为一个内生性变量，它由劳动力增长率的变迁和部门间全要素生产率的不平衡增长两股力量共同决定。而这两股力量，正是前述影响美国收入分配的两个基本因素；但是，将它单独抽出来作为解释收入分配的一个变量，他们认为是有意义的。4. 政府规模的扩张，是解释美国长期收入分配的最后一个关键因素。政府通过征兵、购买消费品等，影响市场上非熟练劳动力的供给和有关消费品生产部门对非熟练劳动力的需求，从而影响着收入分配。随着政府规模的扩张，这种影响越来越显著。

Galor 和 Tsiddon（1996）通过建立一般均衡理论模型，说明库兹涅茨倒 U 型曲线何以成为可能。在他们的模型中，人力资本投资由高教育水平（父母教育水平较高）家庭向低教育水平家庭的扩散，是解释库兹涅茨倒 U 型曲线的关键。他们认为，在经济发展的早期阶段，只有出现收入不平等，才能激励高教育水平家庭增加人力资本方面的投资，从而将整个社会从低水平的人力资本投资均衡中拉出来，促使经济走上发展的道路。在此过程中，产出会增长，同时拥有高人力资本的家庭收入会上升，其与低人力资本家庭的收入差距会拉大。这个过程进行到一定程度，技术的回报如此之高，以致低收入家庭发现进行人力资本投资有利可图，这时人力资本投资就会向低教育水平家庭扩散，而且会呈加速度扩散。由于人力资本水平的提高，低收入家庭与高收入家庭的收入差距会逐渐缩小，这是发生在经济增长后期阶段的事情。因此，经济增长的早期阶段伴随着不断扩大的人力资本和收入差距；而在后期阶段，这一差距却会逐渐下降。

You 和 Dutt（1996）在封闭经济的假设下，建立了一个关于经济增长、收入分配和政府债务的简单理论模型，以考察政府债务对收入分配的影响。在他们的模型中，经济增长遵从后凯恩斯主义的路径，由总需求决定；收入在两个阶层之间进行分配——赚取工资的工人阶层和赚取利润与公债利息收入的资本家阶层。他们的模型说明，传统认为的政府债务向穷人课税向富人支付利息从而恶化收入分配的观点是站不住脚的，关键原因在于这一观点忽略了政府债务对经济增长可能的扩张效应以及由此带来的工人收入的提高。因此，要考察政府债务对收入分配的影响，关键是考察造成政府债务上升的那些因素是否对经济增长具有扩张效应。他们分短期与长期，详细讨论了造成债务 - 资本比率变化的种种因素，比如扩张性的财政政策、利率的上升等，对经济增长和收入分配的影响。

Jensen 和 Rutherford（2002）以丹麦为例，通过建立经济的一般均衡模型，运用丹麦 1992 年国民经济投入—产出表的数据，考察欧盟公共债务削减对代际福利的影响。他们的模型说明，公共债务的削减意味着当下公共品和转移支付的削减以及未来财政盈余的增加。如果公共品和转移支付对穷人更有价值，那么穷人中的老年人将因公共债务的削减而受到净损失。如果未来增加的财政盈余用于提供更多的公共品和转移支付，那么后代中的穷人将会因此受益。如果未来增加的财政盈余用于削减劳动所得税，那么后代中工人家庭的福利将受到正面的影响。因此，公共债务削减对代际纵向公平的影响是比较模糊的，然而可以肯定的是，在西方民主制下，代际之间的公平问题可能成为公共债务削减的主要障碍。

较之理论文献，对 Kuznets 提出的假说进行实证检验的文献要丰富得多，这可能与 Kuznets 理论缺乏有力的数据支持、为实证检验留下了广阔的空间有关。自 Kuznets 提出其假说后，人们运用各种类型的数据，包括横截面数据、时间序列数据和面板数据等，对收入分配与经济增长的关系进行了广泛的检验。随着相关文献越来越丰富，检验的内容也不再局限于经济增长对收入分配的影响，而包括了可能对收入分配产生影响的各个变量。同时，越来越多的学者开始反过来关注收入分配对经济增长的影响，针对这一问题进行实证性研究。

Cohen（1951）考察美国联邦公共债务对美国收入分配的影响。他的考察基于一个关键假设：联邦债务在各收入阶层中的分布状况与其他流动性资产的分布状况相似。在此假设基础上，他以 1946 年为例，计算各收入阶层从公债中得到的利息收入和为公债融资而付出的成本。结果表明，由于低收入阶层为公债融资付出的税收要远少于其得到的公债利息，因此 1946 年美国联邦公共债务的利息支付对低收入阶层有净转移支付的效果。

D.J.Aigner 和 A.J.Heins（1967）验证越发达的地方收入分配越公平这一趋势是否存在。他们使用美国各州 1960 年的横截面数据，以各州的收入公平比率（该比率等于洛伦茨曲线下方部分的面积除以三角形的面积，在数值上是基尼系数的镜像。基尼系数衡量收入不平等程度，而该比率则衡量收入平等程度，该比率越大，收入平等程度越高）为被解释变量，以 13 个变量为解释变量，以检验各变量对收入分配的影响。D.J.Aigner 和 A.J.Heins 设置解释变量的依据是 Kravis（1960）提出的可能影响收入分配的几个因素：首要的是发展水平，这与 Kuznets 的思想不谋而合；其次还有四个重要的因素：人群的特点（比如白人或黑人，城市人或乡村人，等等）；人口流动的障碍；经济结构；社会和政治组织。检验结果表明，在对其他变量进行比较好的控制的情况下，

Kuznets 关于经济增长和收入分配之间关系的假设是成立的。

　　Montek S. Ahluwalia（1976）运用 62 个国家的横截面数据，探讨了影响收入分配的因素，以期对库兹涅茨倒 U 型曲线作出合理的解释。他认为，首先必须明确区分经济增长与收入分配之间的两种不同的关系：第一种是短期关系，这时对收入分配起主要作用的是经济增长率；第二种是长期关系，这时对收入分配起主要作用的，除了经济在数量上的增长外，还有在结构上的变迁。而 Kuznets 的假设主要针对的是二者之间的长期关系。因此，他以不同收入阶层的收入占总收入的比重作为被解释变量，以人均 GNP、人均 GNP 的平方（这两个变量用于检验经济增长对收入分配的长期影响）、GDP 增长率（该变量解释经济增长对收入分配的短期影响）、文盲率、中学的入学率（这两个变量衡量人力资本积累的变化）、人口增长率、农业在 GDP 中所占的比重、城市人口在总人口中所占的比重（这两个变量衡量经济增长中的结构变迁）等八个变量为解释变量，检验经济增长、经济结构变迁及伴随着经济增长的其他若干因素对收入分配的影响。检验结果表明，无论以哪个阶层的收入比重作为被解释变量，Kuznets 假设的经济增长与收入分配间的倒 U 型关系都是显著存在的；人力资本的积累，会提高低收入阶层的收入比重，同时削弱高收入阶层的收入比重，即教育的普及和提高会缩小收入水平差距；农业在国民经济中所占的比重，也同收入分配差距呈反向关系，越是农业社会，收入分配差距越小；而人口增长则同收入分配呈正相关关系，人口增长越快，收入分配差距越大；城市人口所占的比重对收入分配差距影响不显著。

　　Erich Weede 和 Horst Tiefenbach（1981）运用 71 个国家的横截面数据，以不同收入阶层拥有的收入份额以及基尼系数作为被解释变量，以人均 GNP、国家性质（虚拟变量）、军事人员占总人口的比重、民主制度成就和依存度指标作为被解释变量进行回归分析。结果表明，以人均 GDP 为指标的经济发展水平，与收入分配之间确实存在着极为重要的相关关系或是因果关系。低收入国家收入分配非常公平，经济发展处于中等水平的国家收入分配不平等达到顶点，而经济发达国家的收入分配重新显得比较公平。这一结果符合 Kuznets 假说。

　　Blejer 和 Guorrero（1990）考察菲律宾 1983—1985 年期间采取的稳定经济的一系列宏观政策对收入分配产生的影响。笔者采用菲律宾 1980—1986 年的季度时间序列数据作为样本，以最低三个收入阶层的收入份额之和与最高收入阶层的收入份额之比为被解释变量，以劳动生产率、真实汇率、真实利率、失业率、通货膨胀率、真实政府支出以及时间趋势变量 t 作为解释变量，进行了回归分析。回归结果显示，这些变量与菲律宾收入分配差距的变动整体关联度很强，而且每一个变量系数参数的估计值都很显著。其中，劳动生产率、真实汇率和真实利率的上升，对收入分配差距有缩小作用；而失业率、通货膨胀率和真实政府支出的上升，则对收入分配差距有拉大作用。

Rolf Dumke（1991）分析了德国 1850—1950 一百年间收入分配的状况，以期验证 Kuznets 假设在德国工业革命开始以后的阶段是否成立。笔者运用不同于主流的度量收入分配的方法（帕累托 Alpha 系数的倒数），以功能性收入分配差距为考察的对象，得到了和库兹涅茨假设一致的结果，即从 1850 年到 1913 年，德国收入分配差距大体呈上升趋势，而在一战后，收入分配差距则急剧下降。笔者进一步分析了德国这种收入差距变动背后的原因。他没有采用新古典经济学家关于收入分配的看法，因此没有以个人收入分配差距为考察对象；相反，他坚持古典经济学家们对此问题的看法，即要素收入决定阶级收入，阶级收入决定个人收入分配，因此他以要素收入分配作为考察对象，关注功能性收入分配。笔者通过运用德国历史学派的理论认为，Williamson 和 Lindert 分析的导致英国和美国收入分配变动的因素，例如由于生育率提高和人口迁移导致的劳动力供给的增加，以及不同部门之间不平衡的技术变迁等，不完全适用于德国。而 Lewis、Fei 和 Ranis 等提出的二元经济发展模型，却可以更好地解释德国历史上收入分配的变化，德国收入分配受城市化程度的影响更为明显。

Johan Soderberg（1991）运用瑞典 1725 年到 1950 年不同行业、不同阶层（主要是熟练工人与非熟练工人）的真实工资数据，验证 Kuznets 的假设在瑞典是否存在。笔者发现，瑞典的收入分配经历了两条倒 U 型曲线的历程。1870 年前，瑞典还未开始工业化时，其收入分配就已经经历了一个先上升后下降的过程。19 世纪 70 年代，瑞典工业革命开始加速，这时其收入分配差距又开始明显上升，这一过程一直持续到 1931 年。而 1931 年后，收入分配差距则处于下降的态势，一直到作者考察的截止年份——1950 年。笔者进一步探讨了一些变量对瑞典收入分配的影响，以期解释收入分配差距的变化，这些变量包括：经济增长、农业部门和非农业部门不平衡的技术进步、人口增长以及通货膨胀。笔者同时将经济增长作为被解释变量，探讨收入分配、投资率的变动以及农业部门和非农业部门不平衡的技术进步对经济增长的影响。笔者发现，通常认为的农业部门和非农业部门不平衡的技术进步以及人口增长这两个导致收入分配差距变化的主要因素，在瑞典的作用却并不明显；相反，通常认为不那么重要的因素——通货膨胀，却和收入分配差距呈明显反向关系，通货膨胀率上升，收入分配差距会下降。经济增长对收入分配也有影响，但相对于通货膨胀不那么显著。同时，收入分配、两部门不平衡的技术进步以及投资率对经济增长却都有着显著的影响，特别是收入分配，其差距的拉大对经济增长起着促进作用。

Nielsen 和 Alderson（1997）认为，两条曲线代表了 20 世纪工业国家和发展中国家收入分配变动的趋势：一条是库兹涅茨倒 U 型曲线，该曲线能够说明所有发展中国家收入分配目前所处的状况，也能说明 20 世纪 70 年代之前发达国家收入分配的变动轨迹；另一条是自 20 世纪 70 年代以来出现的正 U 型曲线，从那时起，几乎所有发达国家都出现了随着经济增长收入分配不平等重新上升的趋势。Nielsen 和 Alderson 讨论了造成库兹涅茨倒 U 型曲线和正 U 型曲线各自的一些重要因素。就库兹涅茨倒 U 型曲线而言，他们认为主要有四个因素：城市化水平、农业部门和非农业部门二元结构、人口的自然增长率和教育的不平等。其中，城市化对收入不平等有着正向推动的作用，这种作用在经济发展早期体现得尤为明显；农业部门的规模对收入不平等起着负向推动作用；人口自然增长率对收入不平等有着正向影响，这种影响在经济发展早期更为明显；教育不平等对收入不平等有着正向作用，且随着经济的增长，这种作用越来越明显。Nielsen 和 Alderson 运用美国 3100 个县 1970、1980、1990 年的数据，对这些因素对收入分配的影响进行了实证检验。检验的结果表明，美国各县收入分配和经济发展水平之间的关系依然支持 Kuznets 的假说，虽然在最繁荣的地区，收入分配有重新上升的苗头。其中，第一个因素——城市化水平和第四个因素——教育程度的不平等，对于各县收入分配的状况影响很显著；而由于美国发展阶段的特点，第二、第三个因素的影响已不显著了。

Vito Tanzi（1998）讨论了决定收入不平等的因素。他认为，除开一些非系统性因素，决定收入分配不平等的系统性因素主要有：社会准则（包括风俗传统）、经济变迁和政府的活动。笔者认为，在现代的开放社会，由于全球化市场的形成，人口的自由流动，经济结构的改革等经济变迁的发生，社会风俗传统对人们的影响力减弱了；同时，人力资本取代了物质资本，成为收入的主要来源。因此，随着国家的发展，人力资本取代了物质资本成为决定收入不平等状况的主要因素。现代发达国家较之不发达国家收入分配之所以更为平等，就是因为人力资本在这些国家成为了收入的主要来源。政府活动对收入分配的影响，也主要是通过公共支出对人力资本形成的影响实现的。因此，在笔者看来，人力资本和物质资本二者在收入来源中的地位，是解释收入分配状况变化的关键因素，也是政府政策要想对收入分配状况产生影响而必须通过的中间变量。

Patrick Vanhoudt（1998）认为，在检验库兹涅茨假设时，人均 GDP 并不足以代表经济发展水平。相反，一个国家的人均 GDP 和收入分配状况，可能都是由其他一些经济变量内生决定的。因此，Patrick Vanhoudt 在新古典增长模型的框架下，研究这些经济变量对收入不平等的影响，并对模型的研究结果进行实证检验。他们通过建立理论模型说明，国民收入中用于物质资本和人力资本的比例，决定了收入分配的状况和收入不平等的变动状况。他们分别运用23 个 OECD 国家和 30 个欠发达国家的横截面数据为样本，以基尼系数及其变动率为被解释变量，对理论模型的结论进行了实证检验。检验的结果表明，工业化国家的国民产出中用在物质资本投资和人力资本投资方面的比例提高，伴随着收入不平等程度的降低，尤其是用在物质资本投资方面的比例，对降低收入不平等程度效果更为明显；而不发达国家的情况则正好相反。因此，他们认为没有理由拒绝 Kuznets 的假设，国家的经济发展水平与收入分配的不平等程度之间确实存在着倒 U 型曲线关系，不过需要对 Kuznets 的理论作出一些修正，不是劳动力从农村向城市的转移带来了经济增长，经济增长又带来了收入分配的变化；相反，是国民收入用在物质资本和人力资本上的投资，共同决定了经济增长和收入分配状况及其变化的速度。

Bourguignon 和 Morrisson（1998）考察二元经济结构对发展中国家收入分配的影响。他们首先使用 1970 年 38 个中小发展中国家的横截面数据，然后使用 1985 年 33 个发展中国家的横截面数据，分别进行了回归分析。他们以这些国家收入最低的 40%、收入最低的 60% 和收入最高的 20% 人口拥有的收入份额为被解释变量，以人均 GDP、中学招生率、人均耕地面积、矿产资源的出口量、中小农户家庭拥有的耕地面积份额作为控制变量，以非农业部门与农业部门的劳动生产率之比作为衡量二元结构的指标（以农业在 GDP 中的比重近似替代），进行回归分析。结果表明，非农业部门与农业部门劳动生产率之比，与低收入群体的收入份额呈显著的负相关关系，而与高收入群体的收入份额呈显著的正相关关系。换句话说，一个国家的二元结构越明显，这个国家的收入分配差距会越大。

Tanninen（1999）运用 52 个国家的横截面数据，考察收入不平等对经济增长的影响，以及这种影响是否是通过收入不平等对财政政策的影响而发生的。他先以这些国家 1970 到 1992 年的人均收入年增长率为被解释变量，分别以基尼系数、调整的基尼系数、中产阶级的规模和最高与最低五分之一人口的收入之比衡量收入不平等状况，进行回归分析；然后以公共品、价值品（merit good）、社会保障支出、经济服务支出以及转移支付支出分别占 GDP 的比重为被解释变量，考察收入不平等对这些变量的影响，并考察这些变量对经济增长的影响。结果表明，收入不平等会对经济增长产生显著负影响；但这种影响并不是通过收入不平等对财政政策的影响发生的。因为政府支出中，受到收入不平等显著影响的只有价值品的支出，而该支出对经济增长的影响则是不显著的。

Barro（2000）使用全世界 100 多个国家 1960、1970、1980 和 1990 年的相关数据，运用回归分析法，考察这些国家在这些年份收入分配不平等的决定因素，重点考察库兹涅茨曲线的有效性。他以这些国家的基尼系数作为被解释变量，以人均 GDP（Log）及其平方、15 及 15 岁以上人口接受的小学、中学和大学教育的平均年限、对外开放程度以及其他一些表示国家地域位置、政治制度、法制状况等的虚拟变量作为解释变量，结果表明，库兹涅茨曲线在这些国家的横截面数据中显著存在，四个年份都如此。然而，单纯的人均 GDP 并不能完全解释这些国家间收入分配的不同状况，甚至不能解释大部分；只有加入了其他一些控制变量，模型的解释力才显著提高。

Humberto Lopez（2003）在已有的增长模型的基础上，考察影响经济增长的宏观变量对收入分配的影响。笔者认为，没有证据表明经济增长本身会使收入分配更平等或更不平等；也就是说，经济增长本身和收入分配之间并不存在因果关系。相反，经济增长和收入分配却共同受到一些变量的影响。他们列出了包括人力资本投资在内的八个变量。通过设定计量模型、进行实证检验，他们认为，人力资本投资和基础设施建设投资的增加以及通货膨胀程度的降低既有利于促进经济增长，又有利于降低收入分配的不平等程度；而金融发展和深化、国际贸易的开放以及政府规模的缩小，虽然会带来更快的经济增长，但同时会伴随着收入不平等程度的上升。

M.O.Odedokun 和 Jerrery I. Round（2004）运用 35 个非洲国家的横截面数据，讨论了非洲国家上个世纪 60 年代到 90 年代收入分配的决定因素。作者以四个衡量收入分配状况的变量为被解释变量，这四个变量分别是：基尼系数、收入最低的 40% 的人口、收入居中的 40% 的人口以及收入最高的 20% 的人口各自所占的收入份额；以前人讨论过的可能对收入分配产生影响的几乎所有变量为解释变量，来考察非洲国家收入分配状况的决定因素。这些解释变量包括：经济发展水平（以人均真实 GDP 衡量）、区域位置、政府支出规模（作者分别讨论了政府支出占 GDP 的比重、政府补贴支出占 GDP 的比重和政府补贴支出占政府总支出的比重这三个变量的影响）、通货膨胀率、失业率（用国家在经济周期中所处的位置作为工具变量替代）、对腐败的控制水平、经济的对外开放度、农业部门劳动力占全部劳动力的比重、人力资本的积累状况（用文盲率衡量）以及可使用土地的数量。作者通过回归发现，对于非洲国家而言，经济发展水平与收入分配不平等程度存在着正向关系，这在某种程度上验证了库兹涅茨倒 U 型曲线的前半段；同时，政府支出规模、农业部门劳动力占全部劳动力的比重以及可使用土地的数量，也都与收入分配不平等程度存在着正向关系。反之，国家在经济周期中所处的位置以及人力资本的积累程度则与收入分配不平等程度存在反向关系。国家处于经济高涨期时，收入分配更平等，穷人得到的好处更多；反之，穷人受到的损失更多；而人力资本积累越少，文盲率越高，收入分配越不平等。通货膨胀率、对腐败的控制程度和经济的开放程度则对收入分配没有显著影响。

César Calderón 和 Luis Servén（2004）考察基础设施的数量和质量（交通、电力和通信）对经济增长和收入分配的影响作用。他们运用 1960—2000 年 121 个国家的面板数据，以人均 GDP 的增长率、基尼系数和各收入阶层的收入份额为被解释变量，以交通、电力和通信三大基础设施的综合性数量指标和质量指标（笔者自己计算而得）作为解释变量，通过设定线形方程，进行回归分析。回归结果表明，无论使用何种数量指标，也无论用什么计量方法，基础设施的数量对经济增长有显著影响；而基础设施质量则影响不显著，但可能是因为质量和数量之间相关性很大，所以质量的影响都体现在数量里面了；基础设施的数量和质量的提高，则都有助于削减收入不平等。

第二节　关于中国收入分配的若干文献

Yao（1997）考察中国农村 1986—1992 年收入分配不平等的状况。他以 1986—1992 年各省农村居民人均收入数据为基础，运用他自己提出的计算与分解基尼系数的方法（Yao 1996），计算各省农村之间的收入分配基尼系数，并从两个维度对基尼系数进行了分解：一个以东中西三大地区为标准，将基尼系数分解为地区之间不平等、地区内部不平等和叠代不平等；另一个是以收入来源为标准，将基尼系数分解为农业收入不平等和非农业收入不平等。计算与分解结果表明，中国农村改革带来农民收入增长的同时，也伴随着各省农民人均收入差距的扩大。从地域角度讲，这种扩大主要表现为东部富省的农村，人均收入要远高于西部边远地区农村的人均收入，地区之间的差距是造成全国农村收入差距的主要原因；从收入来源角度看，非农业收入其中主要是乡镇企业收入，其差距较之农业收入更显著，而非农业收入在农民收入中的比重上升，带来了农民收入差距的扩大。

Khan 和 Riskin（1998）利用 1988 年和 1995 年由中国社会科学院牵头进行的家庭收入抽样调查的数据，对 1988 年到 1995 年间中国城乡居民收入的增长、构成及收入分配的变动状况进行了描述和分析。笔者认为，1988 年到 1995 年期间，中国的收入不平等状况急剧恶化，导致中国成为了亚洲发展中国家中收入分配较不平等的一个国家。在收入不平等的总体状况中，巨大的城乡差距依然是造成整体收入不平等的主要原因；同时，城乡各自内部居民之间的收入差距也都在拉大。但在同一时期，中国的公共政策不仅没能起到缓和收入分配差距的作用，反而在加剧收入分配的不平等。在城市，自有房屋的租金价值以及住房实物补贴，被笔者认为是居民收入差距的主要来源；而住房补贴的分配制度是高度不平等的，倾向于富人阶层。在农村，承担国家和集体各种税费负担最重的是农村的贫困家庭，农村的财政政策具有累退的性质，从而阻碍了农村贫困的消除和收入分配差距的缩小。因此，为了减缓收入分配差距拉大的趋势，中国政府应重新考虑公共政策的收入分配效应，采取既有利于经济增长，又能缩小收入分配差距的公共政策。

Yao（1999）提出了一种以人口群体为标准和以收入来源为标准计算和分解基尼系数的方法。笔者认为，较之其他计算和分解基尼系数的方法，他提出的方法更为简便，同时又不丢失重要信息。笔者运用该种方法，以 1990 年四川省的家庭抽样调查数据为对象，对四川省 1990 年的基尼系数进行了计算与分解。结果表明，尽管城乡各自内部的基尼系数并不高（城市为 0.196，农村为 0.232），但总体人口的基尼系数却较高（0.308），其主要原因是城乡之间的巨大差距。因此，笔者认为，单纯考量中国城镇或是中国农村的收入分配差距，会低估中国整体收入差距的程度。而以收入来源为标准进行的计算和分解则表明，在城镇和农村各自内部，非传统的收入来源（农村为非农业收入，城镇为非工资收入）在人们的收入中占据了越来越大的比重，而非传统收入的分配更不平等，这是导致城乡各自内部居民收入分配差距拉大的一个重要原因。不过，由于传统的收入来源依然是主要收入来源，因此，当分开考虑城镇和乡村时，它们各自的收入分配差距还是比较低的。

Yao（1999）研究了中国高速经济增长下的收入分配和贫困问题。笔者给出了一种将基尼系数进行分解的方法。运用这种方法，他将中国的收入不平等分为城乡收入不平等、区域收入不平等、城乡各自内部收入的不平等三大块，并认为前两块是导致中国收入分配不平等日益加剧的主要原因。其中，城乡收入不平等出现的主要原因，笔者认为是政府城市倾向型的政策所致；而区域收入不平等，则是各区域不同的市场和价格改革步伐所致，同时也有政府区域倾向型的政策因素。总之，城乡收入不平等和区域收入不平等，政府政策因素在其中占的比重很大。而在分析城乡各自内部收入的不平等时，笔者是通过考察城乡居民各自的收入来源实现的。就农村居民而言，笔者认为乡镇企业收入在农民收入中占的比重越来越大，农民收入差距的拉大主要由乡镇企业收入分配的不均导致；而乡镇企业收入分配的不均，又很大程度上源于其发展水平在不同区域间的不均衡以及企业收入分配本身就要比农业收入分配更不平等。因此，农村居民收入的不平等，是与区域收入的不平等交织在一起的。在城市居民的收入格局中，计时工资和非工资收入（包括奖金、补贴等）占了主要部分。城市居民收入分配差距出现，是因为不同所有制企业出现以及国企内部的工资制度改革，使得人们可以获得的计时工资和非工资收入有了更大的浮动空间，收入分配差距自然会拉大。

Dennis Tao Yang（1999）运用 1986、1988、1992 和 1994 四年江苏和四川的家庭调查数据，计算这两个省份在这四年的基尼系数，并将基尼系数分解为城乡之间的收入差距、城市内部的收入差距、农村内部的收入差距和叠代收入差距四项，考察各项收入差距在解释收入分配变动中的作用。笔者认为，城乡之间的收入差距的扩大，是整体收入差距扩大的主要原因。笔者对形成这种收入差距格局的原因进行了简单的分析，认为是国家在投资、贷款等方面的政策倾向城市，导致农村承受了较重的通货膨胀税所致。

Zhou（2000）研究中国改革前和改革后城市收入分配状况的影响因素及各因素在形成城市收入分配格局中的相对重要性的变化。他以中国 20 个城市、4730 位居民为样本，搜集了这些居民 1955、1960、1965、1975、1978、1984、1987、1991、1992、1993、1994 年 11 年的收入数据及作者要研究的其他变量的数据。作者以个人总收入为被解释变量，以性别、年龄、受教育程度、政治面貌（是否是党员）、社会地位和工作单位性质六个变量为解释变量，分别运用横截面线性回归模型和面板数据线性回归模型，考察各变量在解释个人收入差距中的相对重要性。结果表明，较之改革前，改革后一部分人收入显著增加的重要原因是私营企业和外资企业这两种企业形式的出现，这是市场化改革的结果；但同时，政治面貌、社会地位带来的收益率，改革前和改革后并没有显著差别；教育带来的收益率，改革后要显著上升，说明了人力资本在中国收入分配中的地位日益重要。

Yao 和 Zhang（2001）考察中国地区之间的收入不平等状况。笔者运用 1978—1995 年各省的数据，以人均 GDP 为被解释变量，以人口增长率、投资率、进出口状况、交通状况、科教文卫投资状况五大变量为解释变量，分别设定横截面线性回归模型和面板数据线性模型，对各变量对人均 GDP 的影响进行回归分析。结果表明，中国各省正在集聚为东中西三个经济俱乐部。三大区域内部各省的经济增长有收敛的趋势，但三大区域之间的差距却在扩大；而投资率上升、进出口扩大、交通基础设施改善和科教文卫投资增加，都有利于提高人均 GDP。

Yao 和 Zhang（2002）考察中国各省的经济增长是否有集聚的趋势，即俱乐部集聚理论在中国是否成立。笔者首先提出了一个模型，说明了距离经济增长中心的远近，决定了一个地方是否能与经济增长中心实现经济增长的集聚。接着，笔者运用 1978 到 1995 年各省的面板数据，以索洛增长模型为基础设定计量方程形式，验证笔者自己提出的模型是否成立。结果表明，由于距离的原因，中部和西部各省的经济增长很难赶上东部。中国的经济增长不会使各省的收入水平趋同，反而可能形成东中西三个稳定的差距明显的经济俱乐部。

Morduch 和 Sicular（2002）提出了以回归分析为基础的分解收入不平等的方法，将影响收入分配的各因素对收入分配的影响进行量化。他们使用这种方法，以我国山东省邹平县 259 户农户的横截面数据（1990—1993 年的平均值）为样本，考察邹平县农村收入不平等的格局。他们以人均收入作为被解释变量，以家庭规模、家庭成年劳动力与未成年人之比、家庭劳动力中男性劳动力所占比重、家庭成年人的平均受教育水平、家庭成员的平均年龄、人均可耕地面积、家庭土地的分割程度以及一系列表示农户地理位置和社会地位的虚拟变量作为解释变量，进行回归分析，并对这些因素在形成收入不平等格局中的地位进行量化分析。结果表明，这些因素在收入分配格局中的相对贡献，高度依赖于所采用的收入分配不平等指标。比如，使用泰尔指数 T 作为衡量收入分配的指标时，人力资本和地理位置与收入不平等都是显著负相关关系；而使用基尼系数时，这两个变量则会促进收入分配的不平等。

Meng（2004）运用 1988、1995 和 1999 三年北京、江苏、辽宁、河南和甘肃五省的家庭抽样调查数据，讨论从 1988 年到 1999 年我国居民收入分配的变动状况。笔者认为，从 1988 年到 1999 年，我国居民的收入分配差距在不断拉大。根据差距拉大的具体情况以及拉大的原因，可将这段时期分为两个阶段——1988 年到 1995 年，和 1995 年到 1999 年。在前一阶段，所有居民的收入都在增长，只是高收入群体的收入增长更多、更快，因此收入差距在拉大；后一阶段，收入最低的 5% 的群体收入在下降，而收入最高的 20% 的群体收入则增长得更加猛烈，因此后一阶段的收入差距拉大，是以一部分人的福利被绝对损害为代价的。笔者运用回归分析法，探究了影响收入分配的各种因素与收入分配之间的关系。笔者以家庭平均真实收入以及人均真实收入为被解释变量,以四组家庭特征变量为解释变量,这四组变量包括:人力资本变量(包括家庭劳动力的平均受教育水平、平均年龄、平均年龄的平方以及家庭劳动力是否为党员)、经济调整变量(包括家庭劳动力是否失业、是否在亏损企业工作以及所在企业的所有制性质)、家庭人口特征变量(包括户主的性别、家庭年龄结构、家庭规模和家庭劳动力占家庭总人口的比重)以及家庭所在的区域位置变量。在回归分析的基础上,笔者运用 Fields(1998)提出的回归分解法,对各个解释变量在解释收入不平等程度及其变动中的地位进行了量化分解。笔者认为,第一阶段收入不平等的扩大主要是由于区域因素所致;而第二个阶段收入不平等的扩大则主要是由于经济调整所致。家庭劳动力失业以及在亏损企业工作,是第二阶段收入不平等扩大的主要原因。

Wu 和 Perloff(2005)运用他们 2003 年提出的计算收入分配的方法,对中国 1985—2001 年的收入分配状况进行了计算和分析。他们使用传统的度量收入分配差距的三个指标——基尼系数、对数变异系数的均值以及不同收入阶层收入之比,计算出了全国的总的收入分配差距和城乡各自内部的收入分配差距,并对三个指标分别进行了分解,以考察城乡间的收入分配差距以及城乡各自内部的收入分配差距在解释总收入分配差距中的地位。通过计算笔者发现,从 1985 年到 2001 年,我国的总的收入分配差距在不断扩大;其中,城乡内部各自收入分配差距的扩大是总收入分配差距扩大的主要原因,但城乡间的收入分配差距的扩大,也起着越来越重要的作用。到 2001 年,两者在解释总收入分配差距中的地位已几乎相当。Wu 和 Perloff 的这一结论,与其他学者(比如,Yao)的结论正好相反。

Wang 和 Zhou(2005)研究中国农村的收入分配状况,这种分配状况形成背后的驱动因素,以及各因素在收入分配状况格局形成中的数量贡献。作者以 1995 到 2002 年的广东、湖北和云南三省为研究对象,从每个省中各抽取三个村庄,以这九个村庄的家庭收入数据作为样本。作者先运用回归分析法,分析了资本投入量等 10 个变量与农民家庭人均年纯收入水平之间的关系;然后运用 Shorrocks(1999)提出的 Shapley 价值分解法,对这 10 个变量在形成农民家庭收入水平差距中的作用进行了数量分解。笔者发现,从 1995 年到 2002 年,农村的收入水平差距是在拉大的。在影响农民收入的 10 个变量中,土地数量是唯一促使收入水平更加公平的因素，因为增加的土地数量一般都会分布在比较穷的农村，有利于促进那些地方的农业收入；而其他变量的增加则都是促使收入水平进一步拉大的。其中，地域因素是收入分配格局形成的最重要的决定因素，但资本投入量、教育水平的作用也越来越大。

Benjamin、Brandt 和 Giles（2005）运用中国农业部农村经济研究中心1986—1999 年在安徽等九省进行的涵盖 100 多个村庄、7000 多农户的家庭抽样调查数据，研究中国农村收入分配状况。他们运用统计、回归等分析方法，得到如下结论：1986 年到 1999 年，中国农村人均收入上升的同时，收入不平等状况也上升了。穷人的绝对收入水平在 1995 年到 1999 年间下降了；较之1987 年，半数的家庭 1999 年时生活状况并没有显著改善。和其他许多研究者得到的结论相反，他们认为中国农村的收入分配差距并非主要由于东中西部的地域差距导致。农村收入差距的上升，是与农业收入地位的下降和非农业收入地位的上升相同步的；而农民进城务工的收入，则起到了缩小农村收入差距的作用。

Zhu 和 Luo（2006）研究非农业收入对中国农村收入分配的影响。他们使用 1995 年和 1997 年在河北省和辽宁省进行的生活标准测度调查中得到的 742户农户的相关数据作为样本，运用基尼系数分解法和回归分析法，考察非农业收入在农村居民中的分配状况以及影响农村居民参与非农业活动的各种因素。结果表明，尽管农业收入仍是农村居民收入的主要来源，但非农业收入的比重在不断上升。非农业收入的分配，较之农业收入而言，要更不平等；然而，由于收入水平较低的农村家庭更有动力参加非农业活动，他们从非农业活动中得到的收入更多，因此农村非农业收入的增长，反而起到了缩小农村收入差距的作用。

第三节 关于二元经济结构的若干文献

Lewis（1954）提出了存在无限劳动力供给时的经济发展问题。他认为，在这样的国家，经济一般会有区别很明显的两个部门：一个是传统部门，该部门劳动力的边际产出可以忽略不计，甚至为负，劳动力的工资处于维持基本生存的水平上；另一个是现代部门，该部门工人的工资水平要高于传统部门，并且大量使用资本进行生产。Lewis 认为，这样的经济要发展，关键在于现代部门中的资本积累。只有现代部门中的资本不断实现积累，才能扩大对劳动力的需求，传统部门的过剩劳动力才能不断释放出来，直到释放完毕，劳动力也开始变得稀缺起来。在这个过程中，由于过剩劳动力始终存在，现代部门的资本积累不会提高工人的工资水平，而是会扩大资本家的利润额。资本积累应主要依靠对增加了的利润进行再投资；另外，也可以通过通货膨胀来扩大资本积累，这样虽然暂时会引起物价上涨，但随着生产规模的扩大，市场供给的增加，物价最终会恢复到原来的水平上。Lewis 还探讨了开放经济条件下，劳动力和资本可以跨国流动时，存在无限劳动力供给条件的经济增长问题。

Lewis 开启了二元经济模型的研究范式。此后，经过 Ranis、Fei、Harris 和 Todaro 等人的不断深化和发展，二元经济模型逐渐成为研究发展中国家经济发展问题的流行模型，并被应用于研究这些国家的收入分配问题。

Ranis 和 Fei（1961）在继承 Lewis 无限劳动力供给的基本思想的基础上，进一步细化讨论二元经济结构条件下，劳动力从传统农业部门向现代工业部门转移的过程。他们认为，这一过程可以细分为三个阶段：第一阶段，农业部门中那些边际产出为 0 的劳动者转移出来；第二阶段，那些边际产出虽不为 0 但小于平均产出的劳动者转移出来；第三阶段，则到了边际产出大于平均产出的农业劳动力转移的阶段。在第一、第二阶段，农业部门劳动力的工资固定在农业平均产出的水平上，该水平一般仅用于维持生存之需；由此决定，工业部门的劳动力也得到与农业劳动力相同的工资水平。而到了第三阶段，农业部门转变为了现代部门，农业劳动力真正变得稀缺起来，这时工业部门要想吸引更多的农业劳动力，就必须提高其工资。第一阶段与第二阶段的分界点，Ranis 和 Fei 称为稀缺点；而第二阶段与第三阶段的分界点，他们则称其为商业点。随着农业劳动生产率的上升，稀缺点的出现会越来越靠后，而商业点的出现则会提前。二者合二为一的时候，Ranis 和 Fei 称其为转折点。他们详细讨论了工业劳动生产率的提高、人口增长以及其他生产要素的稀缺程度，对于劳动力从开始转移到到达转折点的时间长短的影响。

Todaro（1969）认为 Ranis 和 Fei 的文献忽略了一个存在于多数发展中国家的基本事实，即这些国家的城市中存在着失业。然而，即便城市存在失业，农村劳动力依然在往城市迁移，Todaro 认为造成这一现象的原因在于，劳动力在决定是否从农村迁往城市时，不是根据现实的城乡收入差距做决策，而是根据预期的城乡收入差距做决策。在城市预期收入的计算中，人们会把在迁到城市之初可能会面临一段时间的失业这一可能性考虑在内。因此，在 Todaro 模型中，城市就业率的变动，是由四个因素共同决定的：城乡实际收入的差距、农村移民在城市找到工作的概率、城市劳动力的自然增长速度和城市工作机会的创造速度。Todaro 认为，要想降低城市失业率，不能通过提高城市收入水平、扩大城市就业机会的办法，因为那样会吸引更多的农村移民的到来，反而会加剧城市的失业状况。相反，应缩小城乡收入差距，发展农村经济，提高农村生活的吸引力。

Harris 和 Todaro（1970）在二元经济模型的框架下，分析人口迁移、城市失业和经济发展问题。他们假设农村劳动力的边际产出为正，城市部门存在着高于农村边际产出的最低法定工资，同时存在着失业。在这种情况下，人口由农村向城市的迁移，取决于迁移者对在农村和城市各自能够取得的预期收益的判断。当农村人口预期在城市获得的收入要高于他们留在农村获得的收入时，迁移就会发生。Harris 和 Todaro 进一步讨论了工资补贴政策和限制人口迁移的政策可能带来的影响。他们认为，对城市人口的工资补贴政策，不仅不能降低城市失业率，反而会提高其失业率；而限制人口迁移的政策，则会提高城市人口的就业率，并通过降低农产品价格，提高城市人口的生活水平，明显有利于城市人口而不利于农村人口。

Francois Bourguignon（1990）在二元经济结构的框架下，讨论经济增长与收入分配之间的关系。笔者将经济分为两个部门：传统部门与现代部门；将社会划分为三个阶层：传统部门的工人、现代部门的工人和现代部门的资本家。笔者以洛伦兹曲线作为衡量收入分配的指标，讨论在什么条件下，经济增长会带来洛伦兹曲线怎样的移动。笔者的模型表明，经济增长是改善还是恶化收入分配状况，关键取决于三个因素：社会资本—劳动比、对传统部门产品需求的价格弹性和收入弹性。在经济增长的初始阶段，要想使经济增长带来更平等的收入分配，必须保证传统部门的收入占 GDP 的比重上升；而要实现这一点，必须满足两个条件中的一个：社会对传统部门产品需求的价格弹性不变，同时收入弹性上升；或者对传统部门产品需求的收入弹性不变，但价格弹性小于1。如果这两个条件都不能满足，传统部门的收入在 GDP 中的比例就会下降，那么要想使经济增长改善收入分配状况，唯一的可能性只有是现代部门中资本与劳动完全不可替代。但在经济增长的实际状况中，这些条件都无法满足。因此，在经济增长的初期阶段，要想改善收入分配状况，在笔者的模型中是不可能的。

Fields（1993）讨论二元经济中的收入不平等问题。他认为，如果假设传统部门与现代部门各自内部的收入分配完全平等，两部门之间的收入不平等是整体收入不平等的唯一来源，那么随着人口由传统部门向现代部门的转移，传统度量收入不平等的五个指标——泰尔指数 L、泰尔指数 T、变异系数的平方、阿特金森指数及基尼系数，都会产生倒 U 型的收入不平等变动曲线；但如果使用 Fields 自己提出的两个衡量收入分配不平等的指标——富人的优越度与穷人的分离度，那么随着人口的转移，收入分配会呈单调递减或单调递增的趋势；而如果使用这两个指标的线性组合，收入分配则会呈现 U 型变动曲线。可见，在二元经济条件下，随着经济发展，收入分配是否呈倒 U 型的变动趋势，与使用的度量收入分配的指标有着密切的关系。

Atkinson（2005）在二元经济结构的框架下，讨论收入分配的变化问题。在他的模型中，每单位有效劳动的初始资本量和工业部门劳动力占总劳动力的规模，决定了经济的平衡增长路径。而这两个变量，也是决定收入分配变动的关键因素。他分别用洛仑兹曲线和基尼系数做为衡量收入不平等的指标，证明了这些指标都可以写为工业部门劳动力占总劳动力的规模和工业部门有效劳动的边际产出（由每单位有效劳动的资本量，也就是资本密集度决定）的函数。笔者认为，决定收入分配先升后降的变动速度的，不是国民收入，而是工业部门的规模和资本密集度这两个变量决定的发展速度。在 Kuznets 模型中对收入分配起决定性作用的两个因素——结构变迁和资本积累，在 Atkinson 的模型中都占有了合适的位置。

　　Temple（2005）在 Harris-Todaro 二元经济模型的框架下，以洛仑兹曲线作为衡量收入不平等程度的指标，考察不同类型的经济增长以及一些经济政策对收入不平等程度的影响。在笔者的模型中，城市失业率和失业人数是影响收入不平等的两个关键变量。要使收入不平等程度降低，必须使城市失业率和失业人数都下降，或者至少使一个下降而另一个保持不变。笔者的模型说明，农村部门中的资本积累和技术进步，对降低收入不平等程度有着显著的作用；但城市部门中类似的发展，对收入分配的影响却是不确定的，它取决于农业边际产出状况等其他的因素。同时，笔者讨论了城市最低工资政策和个人所得税政策对收入不平等程度可能带来的影响。笔者的模型表明，降低城市最低工资，提高对城市中有工作的人的个人所得税并将其用于补助失业者，这两项政策都有利于降低收入不平等程度。

第二章
改革开放以来我国收入分配状况研究

——基于 1978—2007 年的考察

改革开放以来中国收入分配不平等的状况及其变动趋势，是一个引起国内外不少学者关注和研究的问题。迄今为止对该问题的研究，其主要研究对象大致可分为三类：第一类是个人或家庭收入分配的不平等（例如，李实等，2000），第二类是城乡之间和城乡内部各自收入分配的不平等（例如，李实、佐藤宏，2004；Wu 和 Perloff，2005），第三类是地区之间和地区内部各自收入分配的不平等（例如，林燕平，2000；Yao 和 Zhang，2001）。研究第一类问题时，常常穿插第二类、第三类问题的研究（例如，李实、赵人伟，1999；赵人伟、李实、卡尔·李思勤，1999；朱光磊，2002；李实、史泰丽、别雍·古斯塔夫森，2008）。这些研究所使用的数据资料，主要是 1988、1995 和 2002 年社会科学院牵头进行的三次大规模家庭收入抽样调查数据；除此之外，就是作者自己进行的一些小范围的抽样调查数据。学者们在研究中国收入不平等时，使用了多种衡量收入分配不平等程度的指标，包括基尼系数、阿特金森指数、变异系数等。其中，基尼系数是最广泛使用的一个指标。

综观迄今为止研究中国收入分配的文献，成果比较丰富，但也存在着一些不足。笔者以为，主要有以下两点：

1. 使用的数据资料虽然详细到了家庭层面，但是在时间和地域的涵盖度方面比较欠缺。关于这一点的论述，详见下文。

2. 研究对象方面，学者们往往重点关注某一方面的问题，或是城乡之间的收入差距，或是城市内部的收入差距，或是农村内部的收入差距等等，但没有将上述三类不同视角下的收入分配进行综合研究。因此，难以对我国收入分配差距进行全面的透视。

　　在本章中，笔者试图运用涵盖 31 个省自治区直辖市、时间跨度为 1978 到 2007 年的数据，使用基尼系数作为衡量指标，对我国城乡收入差距和地区收入差距进行全面的分析和分解；另外，笔者还对我国城镇和农村内部各收入阶层之间的收入分配差距进行分析。较之其他文献，笔者的贡献在于：研究的对象全面，研究涵盖的地域范围广、时间跨度长，数据资料、衡量指标和计算分解方法统一。

第一节 收入分配不平等分解法简介

学者们在使用一定的指标计算收入分配差距时，常常使用一定的方法对收入不平等状况进行分解，以考察整体收入分配不平等的各种决定因素（李实、赵人伟，1999）。

对收入不平等程度进行分解的方法大致有两类（Wan 和 Zhou，2005）。传统的方法是将收入分配以人口群体为标准或以收入组成部分为标准进行分解。以人口群体为标准进行分解，可将收入分配分解为各群体之间的收入分配和各群体内部的收入分配。比如，许多研究中国收入分配的学者，将全国整体的收入分配分解为城乡之间和城乡内部各自的收入分配，或是分解为东中西三大地区之间以及各地区内部各自的收入分配。这样的分解方法，可进一步明确各人口群体之间和各人口群体内部的收入分配在形成整体收入分配格局中的地位和作用。而以收入组成部分为标准进行分解，其基本思想是，整体收入是由若干种要素收入组成的，比如土地收入、劳动收入和资本收入，而在各种要素收入内部存在着收入分配的差异。将整体收入分配分解为收入各组成部分的分配状况，就是要考察哪种要素收入的分配更不平等，从而在形成整体收入分配不平等格局中占据更大的比重。比如，一些研究中国农村收入分配的学者，将农民收入划分为农业收入和非农业收入两大块，通过一定的分解方法，得出两块收入各自的分配状况，从而说明到底是农业收入的分配更不平等，还是非农业收入的分配更不平等，导致了中国农村收入分配不平等的格局。

收入分配分解的传统方法，对于将整体收入分配进行细分、从而考察形成整体收入分配格局的支配性力量，具有很大的作用；最近十多年流行起来的回归分解法（Morduch 和 Sicular，2002；Meng，2004），则将回归分析法与收入分配不平等分解思想结合起来。这种方法一般先设定一个收入函数，以收入作为被解释变量，以若干宏观或微观变量，比如人均 GDP、人口受教育程度、家庭劳动力比重等，作为解释变量，考察这些变量对收入的影响；然后将影响显著的变量挑选出来，进一步考察它们带来的收入流在整个收入中的地位，从而对整体的收入分配状况进行分解。这种办法的优越性在于，可以考察收入分配以外的诸多变量在形成收入分配格局中的地位。

　　本章首先使用传统方法，对我国整体的收入分配格局进行计算与分解。分解的标准是以城乡为基础划分的人口群体和以东中西部三大地区为基础划分的人口群体。传统的收入不平等分解方法比较多（Yao，1999），运用不同的分解方法，对同一组数据进行分解，往往会得到有差异的结论。本章采用 Yao 提出的基尼系数计算与分解的方法（Yao，1999、2005）。在下文中，笔者先介绍本章使用的数据的来源和特点；然后介绍 Yao 的方法并说明其优点所在；接下来给出一个运用该方法计算和分解基尼系数的例子；最后详细报告笔者对我国收入分配状况进行计算和分解的结果。

第二节   数据的来源和特点

本章使用的计算与分解基尼系数的数据，来源于国家统计局公布的 1978—2007 年各省城乡居民人口和平均收入①状况的数据。研究中国收入分配的学者，一般使用家庭抽样调查的数据，其中使用比较多的有 1988、1995 和 2002 年社会科学院牵头进行的三次居民家庭收入状况抽样调查的数据（Khan 和 Riskin，1998；Meng，2004；李实等，2000）、在一些省份进行的居民家庭抽样调查数据（Dennis Tao Yang，1999；Zhou，2000）以及其他家庭抽样调查数据（Benjamin、Brandt 和 Giles，2005）。如果将家庭抽样调查数据视为微观数据，那么笔者使用的省级层面的数据，可视为"中观"数据。较之家庭抽样调查数据，笔者使用的数据在精细度方面要逊色一些。然而，使用省级层面的"中观"数据，也有其比较突出的优越性：

1. 在地域涵盖范围方面。无论哪种抽样调查数据，即使是 1988、1995 和 2002 年那三次规模比较大的抽样调查，也只涵盖了部分省份，无法反映全国整体的情况；而除开那三次大的抽样调查外，学者们使用的其他数据，往往局限于一省范围内，有的甚至只是一些村庄范围内，在地域涵盖的广度方面有限。而笔者使用的数据，则涵盖了全国 31 个省、自治区和直辖市。

2. 在时间涵盖范围方面。家庭抽样调查数据，只能涵盖一年或若干年的情况。因此，使用家庭抽样调查数据进行收入分配变动状况研究时，只能进行

---

①本章中所指的收入，是指城镇居民家庭人均可支配收入和农村居民家庭人均纯收入两个概念。在国家统计局的统计中，这两个收入概念指的是货币收入，不包括实物收入。但由于统计上的困难，这两个统计指标是笔者所能得到的最权威的资料，所以使用这两类收入作为计算收入分配差距的数据资料。

不同年份之间的跨越性比较，比如使用 1988、1995 和 2002 年三次大规模家庭抽样调查的数据，对我国收入分配从 1988 年到 1995 年再到 2002 年的变动情况可以进行大致的考察，但中间那些年份收入分配的具体状况如何，量化的结果怎样，则无法做出精确的结论。而笔者使用的数据，则涵盖了从 1978 年到 2007 年所有年份的状况，可以对各年收入分配的具体情况作出详细的计算和分解。

3．在计算城乡收入差距方面。笔者使用的数据，直接反映了城乡居民的平均收入状况。因此，在计算城乡收入差距方面，笔者使用的数据虽然不如家庭抽样调查数据那么精细，但也并没有明显的纰漏。

4．在计算地区收入差距方面。只要将各省按照东中西部地区的划分，重新分化组合一下，就可以计算地区收入差距。而家庭抽样调查数据，囿于其样本所代表的地域的局限性，在计算地区收入差距时，缺点比较明显。尤其是当样本只来源于一个省时，计算地区收入差距则变为不可能。

5．笔者不仅计算名义收入的差异，而且计算实际收入的差异。因此，笔者以 1978 年为基年，运用各省各年城乡的消费者价格指数，对名义收入进行了调整。由于数据的一贯性和完整性，笔者顺利地得到了各省各年城乡的实际收入，对于考察省级层面更实际的收入差距提供了数据基础。

6．笔者使用的 Yao 的基尼系数计算和分解法，不仅适用于以个人或家庭为单位的数据，而且适用于以包含多个个人或多个家庭的更宏观的人口群体为单位的数据（Yao，1999）。笔者使用的数据，正是将各省的城市人口和农村人口分别视为一个完整的人口群体。因此，笔者使用的数据和基尼系数计算与分解法是可以配套的。事实上，Yao 本人已经使用过类似的数据进行基尼系数的计算与分解（Yao，1997），他以 1986—1992 年各省农村居民人均收入数据为基础，计算各省农村之间的收入分配基尼系数。

综上所述，笔者使用的数据，在地域涵盖的广度、时间涵盖的长度、基尼系数计算与分解方法的配套等方面，具有其明显的优越性。不过，笔者需要提醒的是，因为笔者使用的数据的"中观"性质，笔者计算出的基尼系数，便不是个人或家庭收入分配的基尼系数。这一点，与其他学者计算出的基尼系数的性质是有些差别的。

第三节　基尼系数计算与分解方法介绍

基尼系数可以在洛伦茨曲线图的基础上得到，如下图所示：

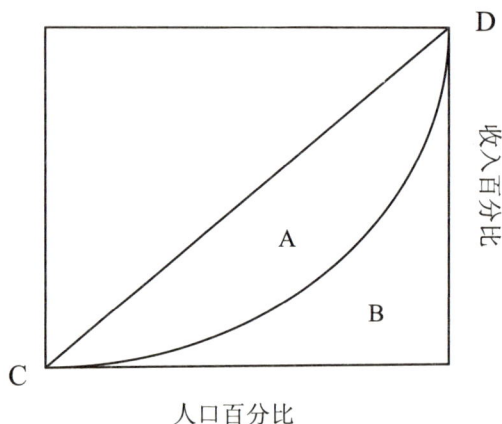

图 2.1　洛伦茨曲线图

上图是一个简单的洛伦茨曲线图。将样本人口按照收入从低到高排列，横轴表示累计的人口百分比，纵轴表示累计的收入百分比。连接对角 C 和 D 的直线表示收入分配绝对平等的状况，而连接 C 和 D 的曲线就是洛伦茨曲线。基尼系数用洛伦茨曲线和绝对收入线之间的部分 A 的面积与下半部分三角形的面积之比表示：

$$G = \frac{A}{A+B} \qquad\qquad 式 2.1$$

由定义可知，横轴和纵轴长都为 1，下半部分三角形的面积应该等于 1/2。因此，基尼系数应该等于 2A。由图可知，2A+2B=1，那么 2A=1-2B。

如果样本人口可划分为 n 个群体（在笔者使用的数据中，每个省的人口划分为城镇和农村两个群体；在数据最完整的情况下，31 个省市自治区和直辖市的人口总共划分为 62 个样本群体），m_i 代表第 i 个群体的平均收入，p_i 代表第 i 个群体的人口占总人口的比重，$w_i = {}_i m_i p_i / \sum m_i p_i$ 代表第 i 个群体的收入在总收入中所占的比重，那么 Yao（Yao，1999、2005）[1]证明了，该样本人口收入分配的基尼系数可用下式计算：

$$G = 2A = 1 - 2B = 1 - \sum_{i=1}^{n} p_i (2Q_i - w_i) \quad \text{其中} \quad Q_i = \sum_{k=1}^{i} w_k \qquad \text{式 2.2}$$

在运用该式计算基尼系数前，首先必须将各人口群体按照平均收入由低到高排列。

运用该式计算基尼系数，有以下三方面的优点（Yao，1999）：首先，与其他计算基尼系数的方法相比，该方法最大的优点在于简单易操作；其次，如第二节中所述，不管数据是以个人或家庭这种微观单位为基础，还是以更为宏观的单位为基础，该方法都适用，因此，在将微观单位整合成为更为宏观的单位，比如不同的地域群体、不同的收入阶层时，该方法仍可用于计算以这些群体或阶层为基本单位的收入分配差距；第三，该方法下计算的基尼系数易于分解。笔者接下来便介绍该方法下基尼系数的分解思想。

如果样本中的基本单位，比如个人或家庭或是其他单位，能够按照某种标准，组合成为更宏观的单位或群体，那么基尼系数便可以分解为三部分：群体之间的收入分配基尼系数、群体内部的收入分配基尼系数和叠代基尼系数。比如，笔者使用的数据，各省的城镇人口可以组合在一起，形成"城镇"这么一个整体的单位；而各省的农村人口则可以组合成为"农村"这个整体的单位。这时，整体的基尼系数便可以分解为城乡之间的基尼系数、城乡内部各自的基尼系数（城市和城市之间、农村和农村之间的基尼系数，不是指城市和农村内部个人或家庭之间的基尼系数）和叠代基尼系数，如下式所示：

$$G = G_A + G_B + G_O \qquad \text{式 2.3}$$

---

[1]参见 Shujie Yao(1999)," On the decomposition of Gini coefficients by population class and income source: a spreadsheet approach and application" ,Applied Economics,31,1249—1264.

其中，G_A、G_B、G_0 分别代表群体内部基尼系数、群体之间基尼系数和叠代基尼系数。所谓叠代基尼系数，是指如果任何一个低收入群体中的最高收入单位，其收入都不能高于任何一个高收入群体中的最低收入单位，那么 $G_0=0$，否则 G_0 便不为 0。我们可以看到，G_B 和 G_0 都是衡量群体之间收入分配差距的指标。G_B 越大，群体间的收入差距越大；G_0 越小，群体间的收入差距越大。

该基尼系数分解公式中的四项，可通过以下步骤得到（Yao，1999）：

第一步，运用（2）式得到 G

第二步，运用如下公式计算 G_B：

$$G_B = 1 - \sum_{I=1}^{S} P_I(2Q_I - W_I) \quad 其中，Q = \sum_{k=1}^{I} w_k \qquad 式 2.4$$

P_I、W_I 分别表示群体 I 的人口和收入在总人口和总收入中所占的比重；S 表示群体的数目。在计算 G_B 时，首先必须将各群体按照平均收入由低到高排列。

第三步，运用如下公式计算 G_A：

$$G_A = \sum_{I=1}^{S} w_I p_I G_I \qquad 式 2.5$$

其中，w_I、p_I、G_I 分别表示第 I 个群体在总体中的收入比重、人口比重和第 I 个群体内部本身的收入分配基尼系数。因此，可以说，G_A 是各群体本身基尼系数的加权平均数。

第四步，$G_0 = G - G_A - G_B$ \qquad 式 2.6

第四节 一个例子

笔者接下来给出一个运用上面的方法计算和分解基尼系数的具体例子。笔者运用 2005 年各省城乡人口和平均收入的数据,计算 2005 年我国整体基尼系数、城乡之间的基尼系数、城乡内部各自的基尼系数和叠代基尼系数。这里的收入是名义收入。

2005 年各省的城乡人口和平均收入如下表:

表 2.1　2005 年各省城乡人口和平均收入

	城镇人口(万人)	乡村人口(万人)	城镇人均收入(元)	乡村人均收入(元)
北京	1284	252	17652.95	7346.26
天津	783	259	12638.55	5579.87
河北	2580	4264	9107.09	3481.64
山西	1411	1940	8913.91	2890.66
内蒙古	1126	1260	9136.79	2988.87
辽宁	2477	1743	9107.55	3690.21
吉林	1426	1289	8690.62	3263.99
黑龙江	2027	1791	8272.51	3221.27
上海	1584	194	18645.03	8247.77
江苏	3742	3726	12318.57	5276.29
浙江	2742	2152	16293.77	6659.95
安徽	2170	3944	8470.68	2640.96
福建	1671	1861	12321.31	4450.36
江西	1593	2713	8619.66	3128.89
山东	4158	5081	10744.79	3930.55
河南	2872	6499	8667.97	2870.58
湖北	2465	3242	8785.94	3099.20

续表

	城镇人口（万人）	乡村人口（万人）	城镇人均收入（元）	乡村人均收入（元）
湖南	2338	3982	9523.97	3117.74
广东	5573	3612	14769.94	4690.49
广西	1565	3090	9286.70	2494.67
海南	373	453	8123.94	3004.03
重庆	1264	1533	10243.46	2809.32
四川	2709	5499	8385.96	2802.78
贵州	1001	2724	8151.13	1876.96
云南	1311	3132	9265.90	2041.79
西藏	74	202	9431.18	2077.90
陕西	1384	2334	8272.02	2052.63
甘肃	778	1814	8086.82	1979.88
青海	213	330	8057.85	2151.46
宁夏	252	343	8093.64	2508.89
新疆	746	1262	7990.15	2482.15

数据来源：《中国统计年鉴 2006》

第一步，运用公式 2.2 计算总体收入分配的基尼系数 G，如下表所示：

	m_i	n_i	P_i	p_i*m_i	w_i	Q_i	$2Q_i-w_i$	$p_i*(2Q_i-w_i)$
贵州	1876.96	2724	0.021246	39.87766	0.006089	0.006089	0.006089	0.000129
甘肃	1979.88	1814	0.014146	28.0072	0.004276	0.010365	0.016454	0.000233
云南	2041.79	3132	0.024427	49.87586	0.007615	0.017981	0.028346	0.000692
陕西	2052.63	2334	0.018204	37.36623	0.005705	0.023686	0.041667	0.000759
西藏	2077.90	202	0.001576	3.273731	0.0005	0.024186	0.047872	7.54E-05
—	—	—	—	—	—	—	—	—
—	—	—	—	—	—	—	—	—
福建	12321.31	1671	0.013033	160.5836	0.024519	0.774816	1.525114	0.019877
天津	12638.55	783	0.006107	77.18986	0.011786	0.786602	1.561419	0.009536
广东	14769.94	5573	0.043467	642.001	0.098026	0.884629	1.671231	0.072643
浙江	16293.77	2742	0.021386	348.4632	0.053206	0.937835	1.822464	0.038976
北京	17652.95	1284	0.010015	176.787	0.026993	0.964828	1.902663	0.019054
上海	18645.03	1584	0.012354	230.3489	0.035172	1	1.964828	0.024274
求和	—	—	—	—	—	—	—	0.6467

数据来源：笔者自己计算而得

由公式2.2可知，基尼系数 G=1-0.6467=0.3533

第二步，运用公式2.3计算城乡之间的收入差距，如下表所示

	m_i	总人口	P_i	p_i*m_i	W_i	Q_i	$2Q_i-w_i$	$p_i*(2Q_i-w_i)$
农村	3289.26	72520	0.565617	1860.46	0.28407	0.28407	0.28407	0.160676
城镇	10794.1	55694	0.434383	4688.77	0.71593	1	1.28407	0.55778
求和	—	—	—	—	—	—	—	0.7185

数据来源：笔者自己计算而得

由公式2.3可知，城乡之间的基尼系数 G_B=1-0.7185=0.2815

第三步，运用公式2.2计算城乡内部各自的基尼系数，得城镇内部的基尼系数 G_U 为0.1418，农村内部的基尼系数 G_R 为0.1718。

第四步，运用公式2.5计算城乡内部的基尼系数 G_A 为0.0717。

第五步，运用公式2.6计算 G_0=0.3155-0.2815-0.0717=0.0001。

接下来，笔者从名义收入与实际收入两个维度，分别报告以城乡为基础划分人口群体和以东中西部地区为基础划分人口群体两种情况下，对基尼系数的计算与分解结果。

第五节　以城乡划分为基础的
基尼系数的计算与分解

在我国，城乡差距一直是一个倍受关注的问题。许多学者认为，造成我国收入分配不平等的主要原因，就在于城乡之间的巨大差距（Khan 和 Riskin，1998；Yao，1999；Dennis Tao Yang，1999）；其他学者虽然不认为城乡差距是造成我国收入分配差距的主要原因，但也认为其在收入分配差距中起着越来越重要的作用（Wu 和 Perloff，2005）。本部分，笔者运用上面介绍的基尼系数计算与分解方法，使用 1978—2007 年我国各省城乡人口和平均收入数据，计算城乡收入整体的基尼系数，并将其分解为城乡之间的基尼系数、城乡内部的基尼系数和叠代基尼系数。笔者将分别讨论名义收入与实际收入的差距；在计算实际收入时，以 1978 年为基年，运用各省各年城乡各自的消费价格指数，对名义收入进行调整。在此过程中，笔者遇到了有些省有些年份农村消费价格指数缺失的问题，从而采用其他消费价格指数进行了替代①。

在报告基尼系数计算与分解的结果前，我们先来对 1978—2007 年我国城乡收入差距的变动状况进行初步的了解，如下图表所示：

----

①笔者进行替代的顺序如下：首先用该省该年整体的消费价格指数替代；若不能，则用该省该年城镇的消费价格指数替代；若不能，则用全国农村该年的消费价格指数替代；若不能，则用全国该年的消费价格指数替代；若还不能，则最后用全国城镇该年的消费价格指数替代。

表 2.2　1978—2007 年城乡居民人均名义收入状况

年份	城镇居民家庭 人均可支配收入（元）	农村居民家庭 人均纯收入（元）	城镇居民平均收入/ 农村居民平均收入
1978	343.40	133.60	2.57
1979	405.00	160.20	2.53
1980	477.60	191.30	2.50
01981	500.40	223.40	2.24
1982	535.30	270.10	1.98
1983	564.60	309.80	1.82
1984	652.10	355.30	1.84
1985	739.10	397.60	1.86
1986	900.90	423.80	2.13
1987	1002.10	462.60	2.17
1988	1180.20	544.90	2.17
1989	1373.90	601.50	2.28
1990	1510.20	686.30	2.20
1991	1700.60	708.60	2.40
1992	2026.60	784.00	2.58
1993	2577.40	921.60	2.80
1994	3496.20	1221.00	2.86
1995	4283.00	1577.70	2.71
1996	4838.90	1926.10	2.51
1997	5160.30	2090.10	2.47
1998	5425.10	2162.00	2.51
1999	5854.00	2210.30	2.65
2000	6280.00	2253.40	2.79
2001	6859.60	2366.40	2.90
2002	7702.80	2475.60	3.11
2003	8472.20	2622.20	3.23
2004	9421.60	2936.40	3.21
2005	10493.00	3254.90	3.22
2006	11759.50	3587.00	3.28
2007	13785.80	4140.40	3.33

资料来源：《新中国五十五年统计资料汇编》《中国统计年鉴 2008》及笔者自己的计算

　　从表 2.2 和图 2.2 我们可以看出，1978 至 2007 年，我国城乡居民的人均名义收入都有较大幅度的增长。城镇居民从 1978 年的 343.4 元，上升到 2007

年的 13785.8 元，增长了 39 倍；农村居民名义收入从 1978 年的 133.6 元，上升到 2007 年的 4140.4 元，增长了 30 倍。但同时，我国城乡居民的人均名义收入差距呈扩大趋势。在 1978 到 2007 年的 30 年中，除了 1978—1983 年、1989—1990 年和 1994—1997 年三个阶段，城乡收入差距稍呈下降趋势外，其余年份都呈扩大趋势。城乡居民人均名义收入之比，从 1978 年的 2.57 上升到了 2007 年的 3.33。

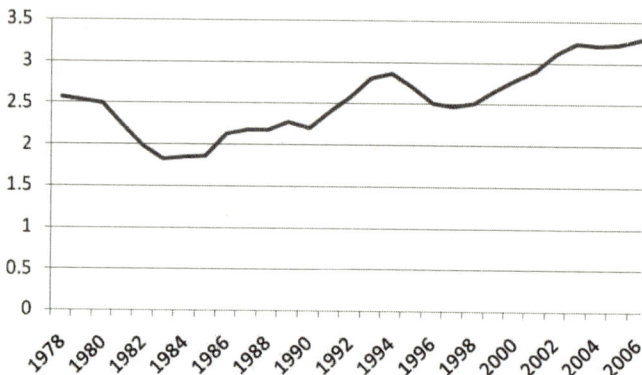

图 2.2　1978—2007 年城乡居民人均名义收入之比的变动状况

　　下面的图表反映了 1978—2007 年我国城乡居民实际收入差距的变动趋势。由于得不到农村 1985 年以前的居民消费价格指数，因此笔者以 1985 年为基年计算了城乡的实际收入。其中，农村 1978—1984 年的居民消费价格指数，用同年城镇居民消费价格指数替代。笔者在此处对计算城乡实际收入的基年和对缺失的消费价格指数的替代方法的选择，纯粹因为数据的可得性和方便的需要，与计算与分解基尼系数时有所不同。但因为不涉及二者之间的比较，所以不会引起问题。

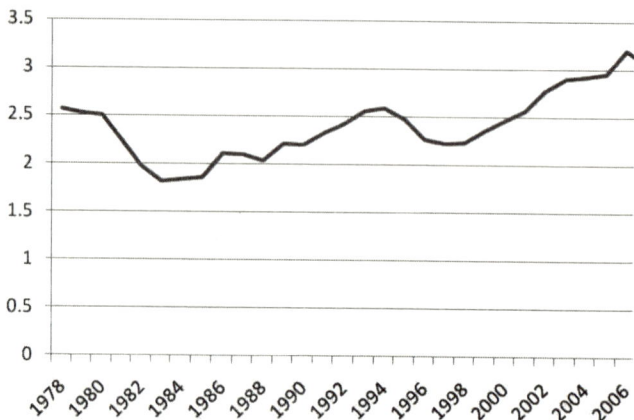

图 2.3　1978—2007 年城乡居民人均实际收入之比的变动状况

表 2.3　1978—2007 年城乡居民人均实际收入状况　　　基年 =1985

年份	城镇居民家庭 人均可支配收入（元）	农村居民家庭人 均纯收入（元）	城镇居民平均收入/ 农村居民平均收入
1978	460.84	179.29	2.57
1979	533.38	210.98	2.53
1980	585.33	234.45	2.50
1981	598.52	267.20	2.24
1982	627.95	316.85	1.98
1983	649.27	356.26	1.82
1984	729.87	397.68	1.84
1985	739.10	397.60	1.86
1986	841.93	399.43	2.11
1987	860.96	410.47	2.10
1988	840.23	411.56	2.04
1989	841.14	380.94	2.21
1990	912.92	415.69	2.20
1991	978.23	419.54	2.33
1992	1073.30	443.44	2.42
1993	1175.70	458.51	2.56
1994	1275.70	492.34	2.59
1995	1337.90	541.42	2.47
1996	1389.30	612.63	2.27
1997	1437.00	648.50	2.22
1998	1519.90	677.53	2.24
1999	1661.60	703.25	2.36
2000	1768.30	717.64	2.46
2001	1918.20	747.68	2.57
2002	2175.80	785.41	2.77
2003	2371.70	818.93	2.90
2004	2553.30	874.97	2.92
2005	2799.00	948.95	2.95
2006	3298.04	1030.45	3.20
2007	3467.08	1128.48	3.07

资料来源：《新中国五十五年统计资料汇编》、《中国统计年鉴 2008》及笔者自己的计算

　　从表 2.3 和图 2.3 可以看出，1978 至 2007 年，我国城乡居民的人均实际收入都有较大幅度的增长。城镇居民从 1978 年的 460.84 元，上升到 2007 年

的 3467.08 元,增长了 6.52 倍;农村居民名义收入从 1978 年的 179.29 元,上升到 2007 年的 1128.48 元,增长了 5.29 倍。由于实际收入更能反映真实的生活水平,因此可以说,在 1978—2007 年近三十年间,我国城乡居民的实际生活水平都有显著的改善。但同时,城乡居民的实际收入差距呈扩大趋势。除了 1978—1983 年、1986—1988 年、1989—1990 年和 1994—1997 年四个阶段,城乡实际收入差距稍呈下降趋势外,其余年份都呈扩大趋势。城乡居民人均实际收入之比,从 1978 年的 2.57 上升到了 2007 年的 3.07。

综上所述,1978—2007 年,我国城乡居民人均名义收入与实际收入都有显著增长,但城乡收入差距也呈扩大趋势,其中名义收入差距拉大的幅度更大。不过需要注意的是,统计资料中所说的收入,是指货币收入,未考虑实物收入的影响,比如农民自己生产、自己消费的农产品,城镇居民得到的各种补贴等。如果考虑这些影响,那么城镇居民人均可支配收入上升的幅度最高可达 80%(Yao,2005)。

(一) 名义收入基尼系数的计算与分解

下表反映了 1978—2007 年以城乡为标准划分人口群体,在此基础上计算与分解基尼系数的结果。这里的收入是以当年价格计算的名义收入。

表 2.4 1978—2007 年城乡名义收入各类基尼系数表   单位:%

年份	G	G_B	G_A	G_O	G_R	G_u	G_B/G	G_A/G	G_O/G
1978	27.83	23.38	4.45	0.00	12.51	6.18	84.01	15.99	0.00
1979	25.16	19.69	4.76	0.71	11.22	6.77	78.26	18.92	2.82
1980	24.89	20.60	4.25	0.04	10.50	6.58	82.76	17.08	0.16
1981	21.44	17.36	4.06	0.02	9.13	7.12	80.97	18.94	0.09
1982	19.90	15.58	4.27	0.05	9.79	7.02	78.29	21.46	0.25
1983	18.44	13.60	4.77	0.07	10.81	7.93	73.75	25.87	0.38
1984	18.99	13.86	4.92	0.21	12.02	7.78	72.99	25.91	1.11
1985	20.41	15.93	4.36	0.12	10.66	7.44	78.05	21.36	0.59
1986	23.66	18.72	4.87	0.07	12.74	8.12	79.12	20.58	0.30
1987	23.72	19.04	4.61	0.07	12.50	7.52	80.27	19.44	0.30
1988	24.71	19.67	4.95	0.09	13.76	8.03	79.60	20.03	0.36
1989	26.62	21.09	5.44	0.09	13.65	9.78	79.23	20.44	0.34
1990	26.18	20.56	5.54	0.08	13.39	10.16	78.53	21.16	0.31

续表

年份	G	G_B	G_A	G_O	G_R	G_u	G_B/G	G_A/G	G_O/G
1991	29.13	22.91	6.11	0.11	15.66	10.97	78.65	20.97	0.38
1992	30.42	24.04	6.31	0.07	15.76	11.67	79.03	20.74	0.23
1993	32.71	25.64	7.03	0.04	16.09	13.76	78.39	21.49	0.12
1994	33.23	25.83	7.34	0.06	16.98	14.26	77.73	22.09	0.18
1995	31.71	24.62	7.08	0.01	16.61	13.52	77.64	22.33	0.03
1996	29.44	22.54	6.9	0.00	16.01	13.05	76.56	23.44	0.00
1997	28.63	21.90	6.73	0.00	15.36	12.78	76.49	23.51	0.00
1998	28.57	21.89	6.67	0.01	14.83	12.81	76.62	23.35	0.04
1999	29.35	22.62	6.73	0.00	15.16	12.81	77.07	22.93	0.00
2000	31.36	24.21	7.15	0.00	16.76	13.65	77.20	22.80	0.00
2001	32.98	25.62	7.36	0.00	18.26	13.74	77.68	22.32	0.00
2002	33.76	26.75	7.01	0.00	17.99	13.04	79.24	20.76	0.00
2003	34.35	27.37	6.98	0.00	18.08	12.99	79.68	20.32	0.00
2004	34.87	26.79	7.06	1.02	18.06	13.17	76.83	20.25	2.93
2005	35.33	28.15	7.17	0.01	17.18	14.18	79.68	20.29	0.03
2006	35.40	28.24	7.16	0.00	17.34	14.00	79.77	20.23	0.00
2007	34.68	27.9	6.78	0.00	16.48	13.14	80.45	19.55	0.00

数据来源：笔者自己计算而得

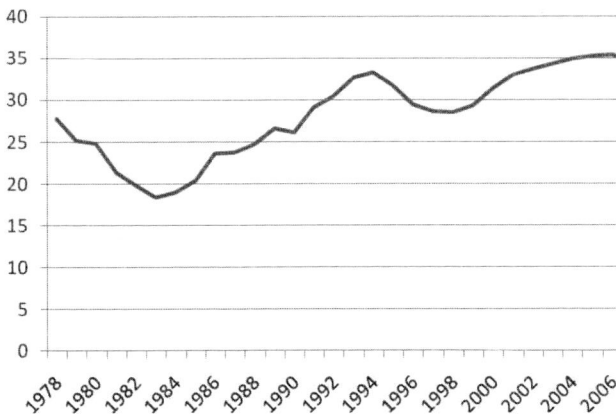

图2.4　1978—2007 年城乡名义收入整体基尼系数的变动状况（%）

1. 整体的基尼系数

从表 2.4 和图 2.4 我们可以看出，1978 年到 2007 年这段时间，我国整体基尼系数最低时为 1983 年的 0.1844，最高时为 2006 年的 0.354。按照对基尼系数标准的一般理解，我国的收入差距已经比较明显，不过还在可接受的正常范围内。从趋势上看，我国整体基尼系数呈上升趋势，表明我国整体收入差距在拉大。从具体的阶段上来看，1978—1983 年、1989—1990 年和 1994—1998 年三个阶段，基尼系数出现了下降的状况；其余阶段则都是上升的。

2. 城乡内部各自的基尼系数

笔者将城乡各自基尼系数的变动趋势绘在了同一张图中，以利于比较，见下图。

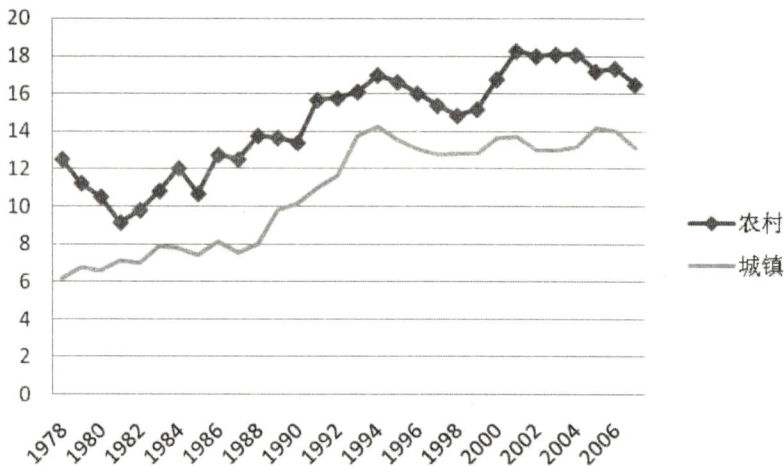

图 2.5　1978—2007 年城乡各自名义收入基尼系数（%）的变动状况

结合图 2.5 和表 2.4 我们可以看出，1978—2007 年，我国农村的基尼系数（农村和农村之间）最低时为 1981 年的 0.0913，最高时为 2001 年的 0.1826。从趋势上看，农村基尼系数总体上在上升，农村之间的收入差距在扩大。1981 年农村基尼系数最低时，农村人均收入最高的地方——上海，其人均收入为 444 元，而最低的地方甘肃，其人均收入为 159 元，前者为后者的 2.79 倍；到了基尼系数最大的 2001 年，农村人均收入最高的地方上海，其人均收入为 5850 元，最低的地方西藏，其人均收入为 1404 元，前者是后者的 4.17 倍。不过，农村基尼系数总体上虽然在上升，但其间下降的阶段也很多。

1978—2007 年，我国城镇的基尼系数最低时为 1978 年的 0.0618，最高时为 1994 年的 0.1426。从趋势上看，城镇基尼系数总体在上升，城镇之间的收入差距总体在扩大。1978 年城镇人均收入最高的西藏，其人均收入是最低的贵州的 2.16 倍；而 1994 年，城镇人均收入最高的广东，其人均收入是最低的内蒙古的 2.54 倍。不过，城镇基尼系数呈现出明显的三段特征：1978—1987 年，基尼系数基本稳定，1987—1994 年快速上升，1994 至 2007 年又保持基本稳定。

比较图 2.5 中农村和城镇两条曲线可以看出，改革开放以来，我国农村的基尼系数始终大于城镇的基尼系数，表明农村之间的收入分配较之城镇更不平等。从变动的阶段性特征上看，二者没有呈现出明显的共同特征。较之城镇，农村基尼系数变动的状况更为复杂。

3. 城乡之间的基尼系数

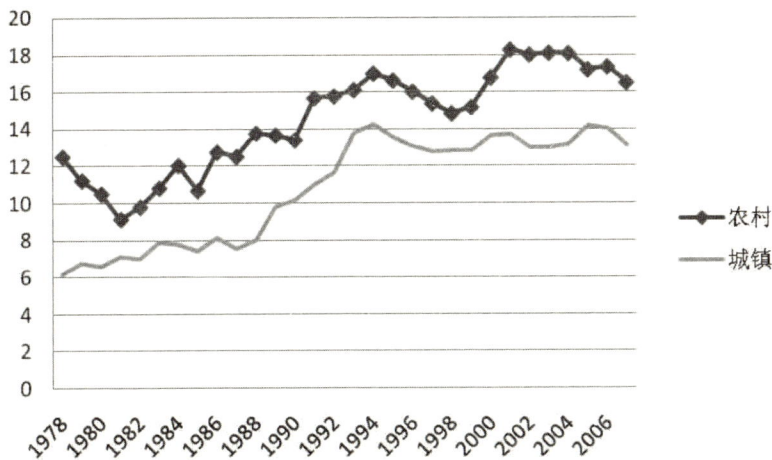

图 2.6　1978—2007 年城乡名义收入整体基尼系数和城乡之间基尼系数（%）的变动状况

笔者将整体基尼系数和城乡之间的基尼系数变动趋势曲线放在了一张图中，以便于比较。

从图 2.6 和表 2.4 我们可以看出，较之城镇和农村各自的基尼系数，城乡之间的基尼系数要明显大得多。城乡之间基尼系数最小时，都达到了 1983 年的 0.136；最大时则为 2006 年的 0.2824，这很明显要大于城乡各自的基尼系数。这一点，已能部分说明，城乡之间的收入差距，在解释整体收入差距中的地位，要远比城乡各自的收入差距重要。

再来看城乡之间的基尼系数和整体基尼系数二者的变动趋势。从图 2.6 可看出，二者呈现出惊人的相似。就总趋势而言，二者都是上升的；就阶段性特点而言，二者具有一致的阶段性特点：1978—1983 年、1989—1990 年、1994—1998 年三个阶段，二者都是下降的；其余阶段，二者都是上升的。变动总趋势及其阶段性特点都如此相似，说明城乡之间的收入差距在解释整体收入差距中，应该占有主要地位。

观察一下表 2.4 中 G_B/G 一列的数据，我们可以进一步明确这一点。G_B 在解释 G 中的比重，基本稳定在 80% 左右，是解释我国整体收入差距的主要因素。因此，可以说，我国整体的收入差距，主要是由城乡之间的收入差距导致的。

观察一下 G_O 一列，我们可以看到一个有意思的现象：1978—2007 年，G_O 都基本为 0，很多年份干脆就是 0。从上面对 G_O 的定义可知，G_O 的这种情况说明，农村中最富的地方，都很少能富于城镇中最穷的地方。这进一步说明城乡之间收入差距比较大，而且是解释整体收入差距的主要因素。

（二）实际收入基尼系数的计算与分解

下表反映了 1978—2007 年我国城乡实际收入的各类基尼系数。笔者将对名义收入与实际收入的各类基尼系数进行对比研究。

表 2.5　1978—2007 年城乡实际收入各类基尼系数表　　　单位：%

年份	G	G_B	G_A	G_O	G_R	G_u	G_B/G	G_A/G	G_O/G
1978	27.83	23.38	4.45	0.00	12.51	6.18	84.01	15.99	0.00
1979	24.98	19.57	5.05	0.36	11.64	7.32	78.34	20.22	1.44
1980	24.68	20.26	4.40	0.02	9.92	8.01	82.09	17.83	0.08
1981	20.77	16.7	4.04	0.03	8.80	7.43	80.40	19.45	0.14
1982	19.11	14.84	4.18	0.09	9.28	7.23	77.66	21.87	0.47
1983	17.74	12.91	4.68	0.15	10.50	7.84	72.77	26.38	0.85
1984	18.36	13.01	5.06	0.29	11.81	8.50	70.86	27.56	1.58
1985	18.75	14.36	4.27	0.12	9.93	7.59	76.59	22.77	0.64
1986	21.86	17.25	4.54	0.07	11.36	7.78	78.91	20.77	0.32
1987	21.46	17.00	4.37	0.09	11.06	7.47	79.22	20.36	0.42
1988	21.68	17.07	4.50	0.11	11.96	7.36	78.74	20.76	0.51
1989	23.68	18.89	4.67	0.12	12.27	7.92	79.77	19.72	0.51
1990	23.27	18.48	4.71	0.08	11.63	8.30	79.42	20.24	0.34
1991	25.81	20.42	5.31	0.08	13.46	9.33	79.12	20.57	0.31
1992	26.42	20.95	5.42	0.05	13.93	9.54	79.30	20.51	0.19
1993	28.05	22.20	5.83	0.02	14.36	10.71	79.14	20.78	0.07
1994	28.56	22.26	6.30	0.00	15.30	11.66	77.94	22.06	0.00
1995	27.37	20.91	6.46	0.00	16.40	11.52	76.4	23.60	0.00
1996	25.19	18.61	6.58	0.00	16.55	11.61	73.88	26.12	0.00

续表

年份	G	G_B	G_A	G_o	G_R	G_u	G_B/G	G_A/G	G_o/G
1997	24.4	17.89	6.50	0.01	15.94	11.62	73.32	26.64	0.04
1998	24.26	17.74	6.51	0.01	16.29	11.47	73.12	26.83	0.04
1999	25.05	18.56	6.49	0.00	16.73	11.27	74.09	25.91	0.00
2000	26.30	19.63	6.63	0.04	17.90	11.13	74.64	25.21	0.15
2001	29.31	21.51	6.87	0.93	19.50	11.34	73.39	23.44	3.17
2002	29.72	23.15	6.53	0.04	19.23	10.14	77.89	21.97	0.13
2003	30.59	23.64	6.95	0.00	19.40	11.71	77.28	22.72	0.00
2004	31.55	22.4	8.49	0.66	18.94	14.69	71.00	26.91	2.09
2005	31.73	24.69	7.04	0.00	18.97	12.23	77.81	22.19	0.00
2006	31.96	24.87	7.05	0.04	19.17	12.31	77.82	22.06	0.13
2007	31.71	24.81	6.89	0.0001	18.93	11.91	78.24	21.73	59.70

数据来源：笔者自己计算而得

1. 整体的基尼系数

从表 2.5 和图 2.7 我们可以看出，1978 年到 2007 年这段时间，实际收入的整体基尼系数最低时为 1983 年的 0.1774，最高时为 2006 年的 0.3196。从趋势上看，基尼系数呈上升趋势，表明我国实际收入差距在拉大。

从图 2.7 两条曲线的对比中我们可以看出，实际收入的基尼系数总是低于名义收入，说明实际收入的分配差距不像名义收入那么大。尽管如此，2006 年，实际收入的基尼系数还是达到了 0.3196。这说明，我国城乡实际收入差距也已经比较明显了。

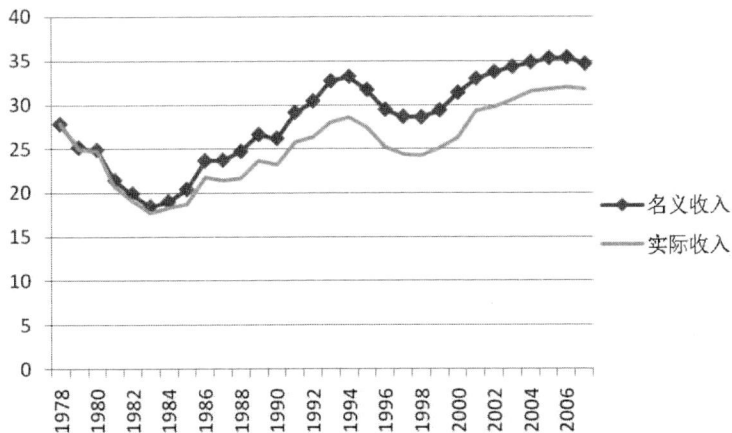

图 2.7　1978—2007 年城乡名义收入与实际收入整体基尼系数（％）的变动状况

2. 城乡各自的基尼系数

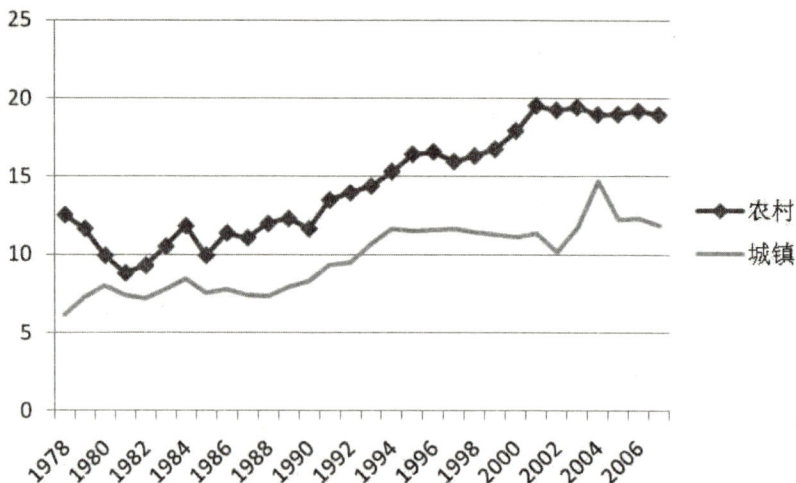

图 2.8 1978—2007 年城乡各自实际收入基尼系数（%）的变动状况

由图 2.8 可知，和名义收入的状况类似，1978—2007 年我国农村实际收入的基尼系数始终大于城镇，表明农村之间实际收入的分配较之城镇更不平等。不过，比较上面两表可知，无论是农村还是城镇，其实际收入的基尼系数都小于名义收入的基尼系数，说明无论是在农村之间还是在城镇之间，实际收入的分配较之名义收入更为平等。

3. 城乡之间的基尼系数

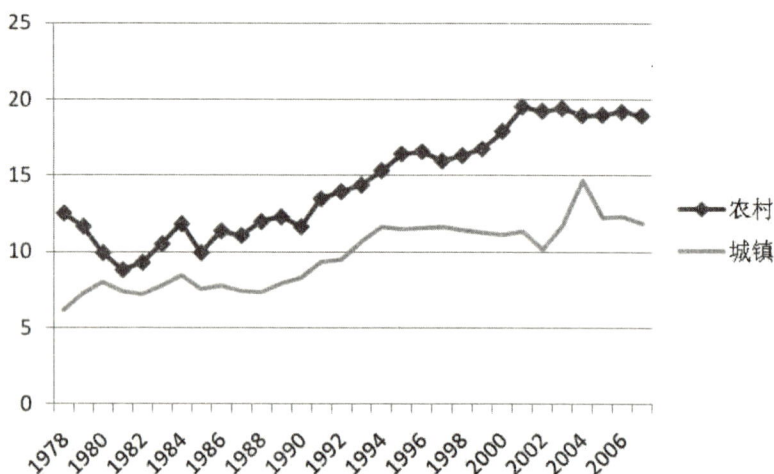

图 2.9 1978—2007 年城乡实际收入整体基尼系数和城乡之间基尼系数（%）的变动状况

　　从图 2.9 和表 2.5 我们可以看出，和名义收入的状况类似，城乡之间实际收入的分配差距也远大于城乡内部各自的收入差距。从整体基尼系数与城乡之间基尼系数的变动趋势看，实际收入整体差距的变动与城乡之间收入差距的变动，总的趋势是一致的，各阶段的特征也非常相似。从表 2.5 中 G_B/G 一列数据来看，在实际收入的整体差距中，城乡之间的收入差距解释了大部分。城乡之间的基尼系数占总基尼系数的比重，最低时为 70.86%，最高时达到了 84.01%。从 Go 和 Go/G 两列数据来看，都非常小，说明农村中实际收入最高的地方，依然很少能赶上城镇中实际收入最低的地方，这进一步说明城乡之间的差距比较大，在解释整体收入差距中处于主要地位。这些特点，与名义收入状况下都很类似。

　　总之，比较名义收入和实际收入状况下的基尼系数，我们可以发现，实际收入状况下的各种收入差距，包括总体收入差距、城乡之间的收入差距、城乡内部各自的收入差距等，都要小于名义收入状况下相应的收入差距。这说明，较之名义收入，实际收入的分配更为平等。同时，在两种状况下，总体收入差距、城乡之间的收入差距和城乡内部各自的收入差距都表现出了扩大的趋势；城乡之间的收入差距，都与总体收入差距的变动特征相似，都是解释总体收入差距的主要因素。

第六节　以地区划分为基础的
基尼系数的计算与分解

（一）名义收入基尼系数的计算与分解

　　表 2.6 反映了名义收入状况下，以东中西部地区划分为基础的各类基尼系数的计算与分解结果。按照惯例，东部地区包括北京、天津、辽宁、河北、山东、江苏、上海、浙江、福建、广东、广西、海南等 12 个省市区，中部地区包括黑龙江、吉林、内蒙古、山西、河南、湖北、湖南、安徽、江西等 9 个省市区，西部地区包括重庆、四川、云南、贵州、陕西、宁夏、甘肃、青海、新疆、西藏等 10 个省市区。笔者需要再次说明的是，根据使用的数据的特点，各地区内部的基尼系数并非居民个人或家庭层面的，而是城乡层面的。这一点，对于解释下表中的数据特征，具有至关重要的作用。

表 2.6　1978—2007 年地区名义收入各类基尼系数表　　　　单位：%

年份	G	G_B	G_A	G_O	G_E	G_C	G_W	G_B/G	G_A/G	G_O/G
1978	27.83	14.28	7.79	5.76	21.03	20.31	26.35	51.30	27.99	20.70
1979	25.16	15.39	5.44	4.33	17.17	10.73	25.97	61.20	21.62	17.21
1980	24.89	13.69	6.53	4.67	19.46	15.07	22.55	55.00	26.24	18.76
1981	21.44	10.86	5.83	4.75	18.09	12.66	20.69	50.70	27.19	22.15
1982	19.9	10.15	5.44	4.31	16.58	12.71	18.59	51.00	27.34	21.66
1983	18.44	9.08	5.08	4.28	15.62	11.29	18.44	49.20	27.55	23.21
1984	18.99	9.83	5.10	4.06	14.96	12.06	19.00	51.80	26.86	21.38
1985	20.41	9.98	5.69	4.74	16.37	14.41	19.67	48.90	27.88	23.22
1986	23.66	11.73	6.69	5.24	18.53	18.20	21.97	49.60	28.28	22.15
1987	23.72	12.03	6.57	5.12	17.59	18.35	22.39	50.70	27.70	21.59

续表

年份	G	G_B	G_A	G_O	G_E	G_C	G_W	G_B/G	G_A/G	G_O/G
1988	24.71	13.19	6.73	4.79	17.32	20.13	22.32	53.40	27.24	19.38
1989	26.62	14.36	7.31	4.95	19.67	20.85	23.65	53.90	27.46	18.60
1990	26.18	13.04	7.49	5.65	20.94	20.04	24.62	49.80	28.61	21.58
1991	29.13	15.00	14.11	0.02	22.64	24.06	25.58	51.50	48.44	0.069
1992	30.42	15.36	8.79	6.27	24.61	25.41	24.56	50.50	28.90	20.61
1993	32.71	16.79	9.41	6.51	26.67	26.55	26.13	51.30	28.77	19.90
1994	33.23	16.88	9.59	6.76	27.12	27.23	26.49	50.80	28.86	20.34
1995	31.71	16.14	9.07	6.50	25.25	25.84	26.08	50.90	28.60	20.50
1996	29.44	15.01	8.39	6.04	23.41	23.09	25.92	51.00	28.50	20.52
1997	28.63	14.5	7.09	7.04	23.08	21.97	25.86	50.60	24.76	24.59
1998	28.57	14.58	8.08	5.91	22.73	21.61	26.29	51.00	28.28	20.69
1999	29.35	14.66	8.45	6.24	23.68	23.07	26.4	49.90	28.79	21.26
2000	31.36	14.08	9.99	7.29	26.17	24.36	31.74	44.90	31.86	23.25
2001	32.98	16.50	9.37	7.11	24.74	25.44	33.13	50.00	28.41	21.56
2002	33.76	14.73	9.00	9.00	27.93	26.59	32.92	43.60	29.71	26.66
2003	34.35	13.22	11.11	10.02	30.47	28.22	33.05	38.50	32.34	29.17
2004	34.87	11.47	11.55	11.85	33.18	27.5	33.09	32.90	33.12	33.98
2005	35.33	14.88	11.51	8.94	31.34	27.6	34.58	42.10	32.58	25.30
2006	35.40	14.88	11.53	8.99	31.23	27.54	35.16	42.00	32.57	25.40
2007	34.68	14.21	11.35	9.12	30.63	27.36	34.65	41.00	32.73	26.30

数据来源：笔者自己计算而得

1. 各地区内部的基尼系数

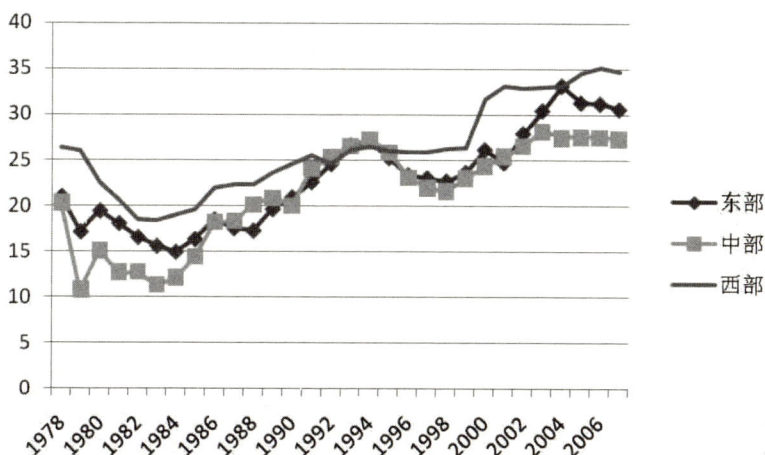

图 2.10　1978—2007 年各地区名义收入整体基尼系数（%）的变动状况

从上图我们可以看出，1978 年到 2007 年，我国东中西部三大地区名义收入的基尼系数总体上都呈上升趋势，说明各地区内部收入差距都在扩大。东部地区基尼系数最低时是 1984 年的 0.1496，最高时为 2004 年的 0.3338；中部地区基尼系数最低时是 1983 年的 0.1129，最高时是 2003 年的 0.2822；西部地区基尼系数最低时是 1983 年的 0.1844，最高时是 2006 年的 0.3516。对比上图中的三条曲线我们可以看出，东部地区的基尼系数有时高于中部地区，有时低于中部地区，但西部地区的基尼系数，除少数几年外（1992、1993 和 1994 三年），都高于东部地区和西部地区。这说明，1978—2007 年，尽管西部地区经济发展落后于东部和中部，但其内部的收入差距却是最大的。在此需注意，由于笔者使用的数据是省级城乡层面的数据，而由上面的讨论可知，城乡之间的收入差距在解释各人口群体内部整体差距中占据主要地位，因此西部地区基尼系数最大说明，西部地区城乡之间的收入差距在三大地区中是最大的。

2. 各地区之间的基尼系数

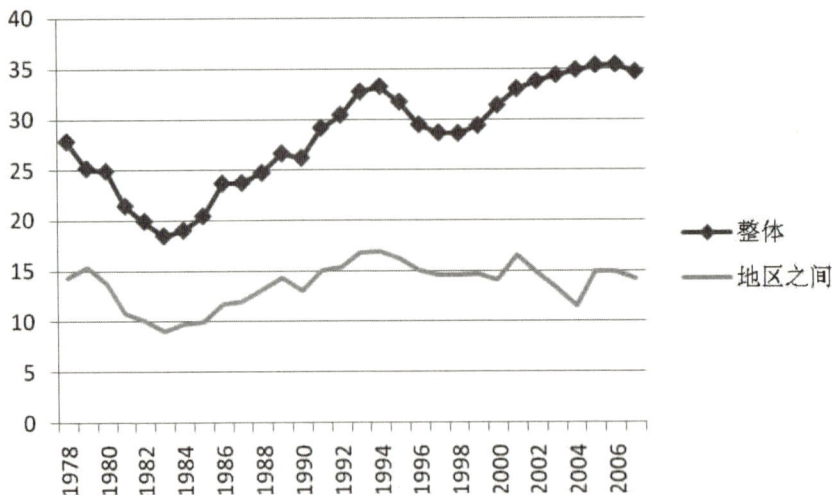

图 2.11　1978—2007 年地区名义收入整体基尼系数和地区之间基尼系数（%）的变动状况

上图将 1978—2007 年整体基尼系数的变动曲线和地区之间基尼系数的变动曲线放在一起，以利于比较。从图中我们可以看出，整体基尼系数曲线呈上升趋势，且不同阶段的波动特征比较明显；比较而言，地区之间基尼系数曲线整体比较平缓，阶段性波动也相对较小。从上表中我们可以看出，1978 年时地区之间的基尼系数为 0.1428，2007 年时为 0.1421。1978—2007，地区之间的基尼系数最低时为 1983 年的 0.0908，最高时为 1994 年的 0.1688，变动幅度为 0.078；较之整体基尼系数的变动幅度 0.1696（从最低的 1983 年的 0.1844，变到最高的 2006 年的 0.354）而言，这个变动幅度的确比较小。

观察图 2.6 和图 2.11 我们可以看出两点不同：（1）图 2.6 中，城乡之间基尼系数的变动曲线与整体基尼系数的变动曲线距离较近，而图 2.11 中，地区之间基尼系数的变动曲线与整体基尼系数的变动曲线距离较远；（2）图 2.6 中，城乡之间基尼系数与整体基尼系数阶段性波动特征几乎相同，而图 2.11 中，地区之间基尼系数与整体基尼系数阶段性波动特征具有明显的不同。这两个不同似乎可以告诉我们，在解释整体收入差距方面，城乡之间的收入差距较之地区之间的收入差距，应该更有解释力。

观察表 2.6 中 G_B/G 一列数据，我们可以进一步明确这一点。G_B 占 G 的比重，最高时也才 61.2%，最低时只有 32.9%。和城乡之间的基尼系数占总基尼系数的比重稳定在 80% 左右相比，这个比重的确要小得多，而且波动较大。

有意思的是 G_0 一列数据，显著不为 0。由于我们使用的是城乡层面的数据，因此 G_0 显著不为 0 说明，最落后的地方收入最高的城市，其平均收入水平，也要明显高于最发达的地方收入最低的农村的平均收入水平。这进一步说明，城乡之间的收入差距比较显著，而且是解释整体收入差距的主要因素。

（二）实际收入基尼系数的计算与分解

下表反映了 1978—2007 年我国东中西部各地区实际收入的各类基尼系数状况。

表 2.7　1978—2007 年各地区实际收入的各类基尼系数　　　　单位：%

年份	G	G_B	G_A	G_O	G_E	G_C	G_W	G_B/G	G_A/G	G_O/G
1978	27.83	14.28	7.79	5.76	21.03	20.31	26.35	51.31	27.99	20.70
1979	24.98	15.36	5.42	4.20	17.57	10.42	25.39	61.49	21.70	16.81
1980	24.68	13.96	6.42	4.30	19.87	13.82	21.26	56.56	26.01	17.42
1981	20.77	10.88	5.53	4.36	17.06	12.28	19.19	52.38	26.62	20.99
1982	19.11	10.16	5.07	3.88	15.23	12.06	17.22	53.17	26.53	20.30
1983	17.74	9.26	4.64	3.84	14.12	10.44	16.96	52.2	26.16	21.65
1984	18.36	9.98	4.76	3.62	14.22	10.95	17.58	54.36	25.93	19.72
1985	18.75	9.36	5.09	4.30	15.05	12.43	17.59	49.92	27.15	22.93
1986	21.86	11.73	6.69	3.44	18.53	18.21	21.97	53.66	30.60	15.74
1987	21.46	10.96	5.79	4.71	15.86	15.62	19.87	51.07	26.98	21.95
1988	21.68	11.61	5.85	4.22	15.19	17.18	19.24	53.55	26.98	19.46
1989	23.68	12.55	6.43	4.70	16.71	19.18	20.43	53.00	27.15	19.85
1990	23.27	11.38	6.56	5.33	17.80	18.10	22.00	48.90	28.19	22.91
1991	25.81	13.25	7.22	5.34	19.26	20.94	23.18	51.34	27.97	20.69
1992	26.42	13.55	7.42	5.45	20.00	21.89	22.36	51.23	28.08	20.63
1993	28.05	14.19	7.92	5.94	21.37	23.07	24.09	50.59	28.24	21.18
1994	28.56	14.52	8.06	5.98	22.01	23.00	25.07	50.84	28.22	20.94
1995	27.37	14.01	7.72	5.64	20.66	22.03	24.90	51.19	28.21	20.61
1996	25.19	12.95	7.08	5.16	18.86	19.75	24.39	51.41	28.11	20.48
1997	24.40	12.57	6.78	5.05	18.25	18.38	24.07	51.52	27.79	20.70
1998	24.26	12.67	6.73	4.86	17.70	18.82	23.97	52.23	27.74	20.03
1999	25.05	12.57	7.13	5.35	18.54	20.53	24.27	50.18	28.46	21.36
2000	26.30	12.19	8.00	6.11	19.68	21.60	28.51	46.35	30.42	23.23
2001	29.31	14.46	7.81	7.04	19.35	22.83	30.13	49.33	26.65	24.02
2002	29.72	13.51	8.58	7.63	22.26	24.79	30.79	45.46	28.87	25.67
2003	30.59	12.74	9.48	8.37	24.57	26.34	31.18	41.65	30.99	27.36
2004	31.55	11.58	10.01	9.96	27.74	25.78	31.55	36.70	31.73	31.57
2005	31.73	14.23	9.90	7.60	25.63	26.17	32.92	44.85	31.20	23.95
2006	31.96	14.30	9.99	7.67	25.63	26.59	33.65	46.26	31.26	24.00
2007	31.71	13.93	10.00	7.78	25.67	26.66	33.06	45.64	31.54	24.53

数据来源：笔者自己计算而得

1. 各地区内部的基尼系数

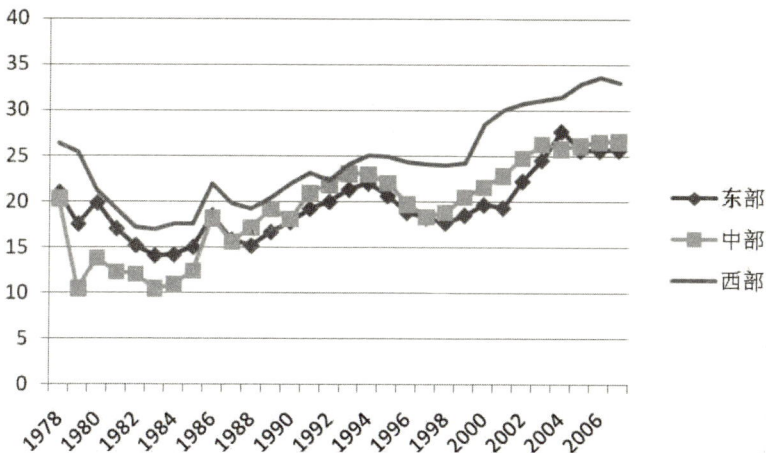

图 2.12 1978—2007 年各地区实际收入整体基尼系数（%）的变动状况

从图 2.12 和表 2.7 我们可以看出，就实际收入的状况而言，1978—2007
年东中西部三大地区各自的基尼系数总体上也都呈上升趋势。不过与名义收入
状况下不同的是，中部大部分年份基尼系数都高于东部，而西部的基尼系数则
总是高于东部和中部。这说明，经济发展越落后、实际收入水平越低的地方，
实际收入分配的差距越大。

2. 地区之间的基尼系数

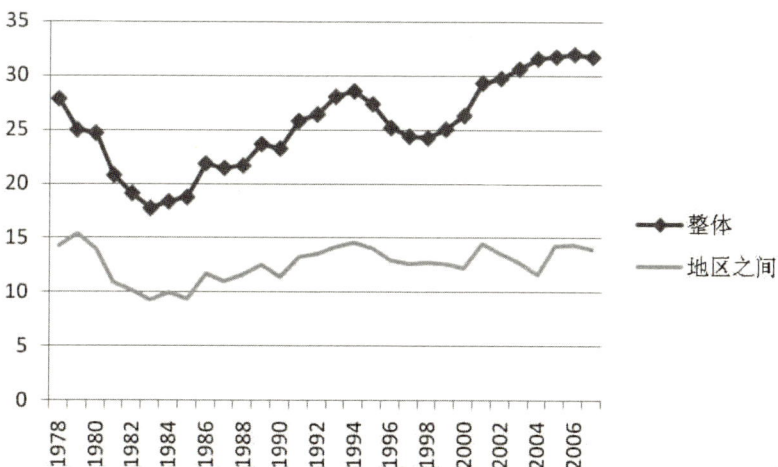

图 2.13 1978—2007 年地区实际收入整体基尼系数和地区间基尼系数（%）的变动状况

观察图 2.13 以及表 2.7 中 G_B/G 和 G_0 两列数据，对比名义收入状况下的相
关情况，我们可以看出，和名义收入状况下相似，整体基尼系数和地区间基尼

系数之间的关系呈现以下三个特点：（1）二者变动的趋势并不一致。整体基尼系数总体呈上升趋势，而地区间基尼系数则比较平稳；（2）二者变动的阶段性特征并不一致；（3）较之城乡间基尼系数，地区间基尼系数在整体基尼系数中占的比重要小得多。这说明，和名义收入的状况类似，实际收入状况下，城乡间收入差距在解释整体收入差距中占据主要地位，地区间收入差距则远在其次。

总之，比较名义收入和实际收入两种状况下我国地区收入差距的状况，我们可以发现，实际收入无论是在地区内部、还是在地区之间，分配都更为平等；同时，与城乡收入差距对比我们可以发现，城乡之间的收入差距在解释整体收入差距时，比地区之间的收入差距更有解释力，占据更重要的地位。

第七节　城乡居民不同
收入阶层之间的收入差距

接下来，笔者考察城镇和农村内部各收入阶层之间的收入差距。

（一）城镇内部各收入阶层之间名义收入差距

国家统计局对城镇居民家庭收入、消费状况进行抽样调查后，将所有调查户依户人均可支配收入由低到高排队，按 10%、10%、20%、20%、20%、10%、10%的比例依次分成：最低收入户、低收入户、中等偏下收入户、中等收入户、中等偏上收入户、高收入户、最高收入户等七组。总体中最低 5%为困难户。下面的图表反映了 1995—2007 年城镇七个收入阶层人均可支配收入的变动状况①。

---

①1997 年之前为人均生活费收入。

表2.8　　1995—2007 年城镇各收入阶层人均名义可支配收入　　　　单位：元

年份	最低收入户（10%）	低收入户（10%）	中等偏下户（20%）	中等收入户（20%）	中等偏上户（20%）	高收入户（10%）	最高收入户（10%）
1995	1923.80	2505.68	3040.90	3698.41	4512.20	5503.67	7537.98
1996	2156.12	2808.52	3397.17	4146.18	5075.43	6190.26	8432.96
1997	2430.24	3223.37	3966.23	4894.66	6045.30	7460.70	10250.93
1998	2476.75	3303.17	4107.26	5118.99	6370.59	7877.69	10962.16
1999	2617.80	3492.27	4363.78	5512.12	6904.96	8631.94	12083.79
2000	2653.02	3633.51	4623.54	5897.92	7487.37	9434.21	13311.02
2001	2802.83	3856.49	4946.60	6366.24	8164.22	10374.92	15114.85
2002	2408.60	3649.16	4931.96	6656.81	8869.51	11772.82	18995.85
2003	2590.17	3970.03	5377.25	7278.75	9763.37	13123.08	21837.32
2004	2862.39	4429.05	6024.10	8166.54	11050.89	14970.91	25377.17
2005	3134.88	4885.32	6710.58	9190.05	12603.37	17202.93	28773.11
2006	3568.73	5540.71	7554.16	10269.70	14049.17	19068.95	31967.34
2007	4210.06	6504.60	8900.51	12042.32	16385.80	22233.56	36784.51

数据来源：《中国统计年鉴 1996—2008》

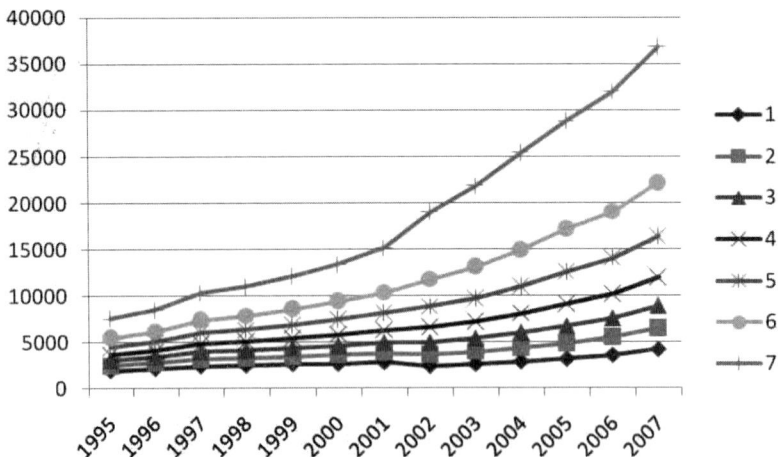

图 2.14　1995—2007 年城镇各收入阶层人均可支配收入的变动状况

图 2.14 中，曲线 1 至 7 依次代表从最低收入户到最高收入户的人均可支配收入变动状况。从图 2.14 和表 2.8 我们可以看出，1995—2007 年，我国城镇各收入阶层的人均可支配名义收入都有了显著增长，但增长的幅度却有显著的区别，从最低收入户到最高收入户分别增长了 63%、95%、120.7%、148.5%、179.3%、212.6% 和 281.7%。因此，各阶层居民人均可支配名义收入在普遍实现增长的

同时，之间的收入差距却拉大了，下面的图表进一步说明了这个问题。

表 2.9　1995—2007 年城镇各收入阶层与最低收入阶层人均名义可支配收入之比　单位：%

年份	低收入户/最低收入户	中等偏下收入户/最低收入户	中等收入户/最低收入户	中等偏上收入户/最低收入户	高收入户/最低收入户	最高收入户/最低收入户
1995	130.2464	158.0674	192.245	234.5462	286.0833	391.8276
1996	130.2581	157.5594	192.2982	235.3965	287.1018	391.1174
1997	132.6359	163.2032	201.4064	248.7532	306.9944	421.8073
1998	133.3671	165.8326	206.6817	257.2157	318.0656	442.6026
1999	133.4048	166.6965	210.5631	263.7696	329.7402	461.601
2000	136.9575	174.2746	222.3097	282.2206	355.6027	501.7309
2001	137.5927	176.4859	227.1361	291.2849	370.1587	539.271
2002	151.5054	204.7646	276.3767	368.2434	488.7827	788.6677
2003	153.2729	207.6022	281.0144	376.9394	506.6494	843.0844
2004	154.7325	210.457	285.3049	386.0721	523.0213	886.5728
2005	155.8375	214.0618	293.1548	402.0368	548.7588	917.8377
2006	155.2572	211.6764	287.769	393.6742	534.3343	895.7624
2007	154.5014	211.4105	286.0368	389.2059	528.1055	873.7289

数据来源：笔者自己计算而得

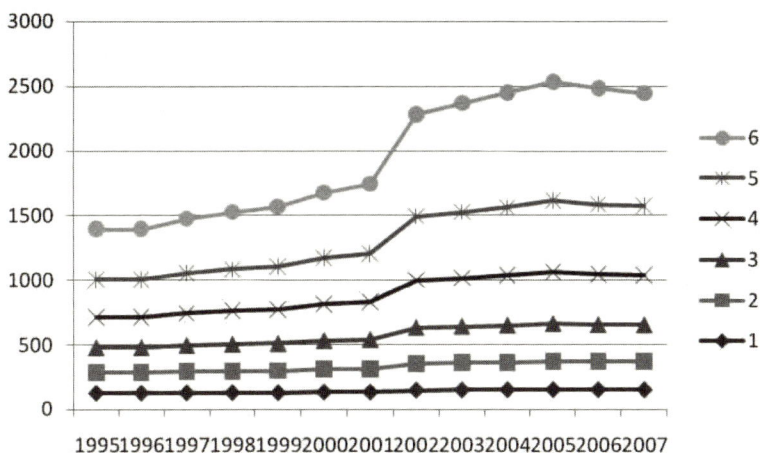

图 2.15　1995—2007 年城镇各阶层与最低收入阶层人均名义可支配收入之比(%)的变动状况

表 2.9 和图 2.15 反映了 1995—2007 年，我国城镇居民最低收入户以上各收入阶层与最低收入户人均名义可支配收入之比的变动情况[1]。从中可以进一

①从系列 1 至系列 6 分别反应低收入户至最高收入户与最低收入户人均年可支配收入之比。

步看出，1995—2007 年，我国城镇居民的收入差距在不断扩大，越处于高收入阶层的居民户，其与最低收入户的收入差距拉大的越厉害。

（二）农村内部各收入阶层之间的收入差距

国家统计局自 2002 年起，对农村居民户进行抽样调查后，按其人均收入状况从低到高排队，将调查户分为五等分，分别是低收入户、中低收入户、中等收入户、中高收入户和高收入户，各阶层调查户的户数都占总户数的 20%。下面的图表反映了 2002—2007 年农村各阶层人均纯收入及其差距的变动状况。

表 2.10　2002—2007 年农村各收入阶层人均名义纯收入

年份	低收入户（元）	中低收入户（元）	中等收入户（元）	中高收入户（元）	高收入户（元）	中低收入户/低收入户（%）	中等收入户/低收入户（%）	中高收入户/低收入户（%）	高收入户/低收入户（%）
2002	857.13	1547.53	2164.11	3030.45	5895.63	180.5479	252.483	353.5578	687.8338
2003	865.9	1606.53	2273.13	3206.79	6346.86	185.533	262.517	370.3418	732.9784
2004	1006.87	1841.99	2578.49	3607.67	6930.65	182.9422	256.090	358.3054	688.3361
2005	1067.22	2018.31	2850.95	4003.33	7747.35	189.1185	267.138	375.1176	725.9375
2006	1182.46	2222.03	3148.50	4446.59	8474.79	187.9159	266.267	376.0457	716.7084
2007	1346.89	2581.75	3658.83	5129.78	9790.68	191.6823	271.650	380.8611	726.9101

资料来源：《中国统计年鉴 2003—2008》并经笔者计算而得。

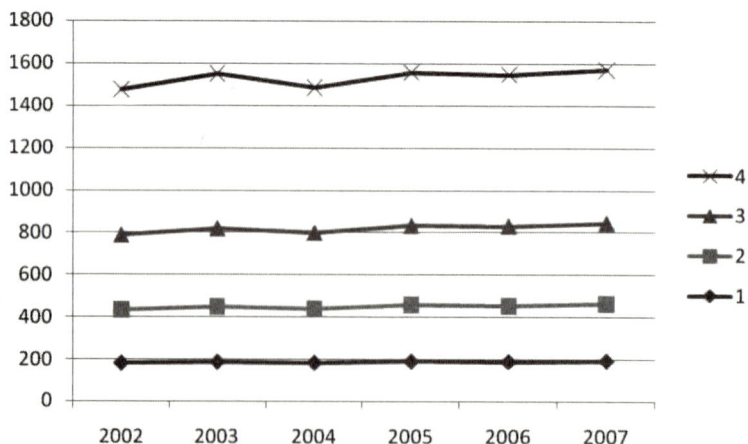

图 2.16　2002—2007 年农村各收入阶层与低收入户人均名义纯收入之比（%）的变动状况

　　图 2.16 中，曲线 1 到 4 分别代表中低收入户、中等收入户、中高收入户和高收入户与低收入户人均名义纯收入之比的变动状况。从表 2.10 可看出，2002 年到 2007 年，我国农村各阶层的人均名义纯收入都普遍增加，而且增加的幅度也很接近，从低收入户往上分别增加了 24.5%、30.4%、31.7%、32.1% 和 31.4%。因此，较之城镇，农村各阶层居民收入差距拉大要缓和的多。从图 2.16 中可进一步看出这一点。农村各阶层与低收入户人均名义收入之比的变动都很平缓，不像城镇那样，越是高收入阶层，其与最低收入户收入差距拉大得越厉害。

第三章
公债对收入分配的影响

——二元经济模型下的考察

公共政策对收入分配和贫困的影响，是公共经济领域的一个重要的问题（Anderson，2003）。一些学者曾在不同的理论模型下，就这个问题进行过探讨（Bourguignon 和 Silva，2003；Amiel，2003）。不过，这些模型多适用于发达国家。在这些模型下，劳动力市场是统一的，劳动力具有高度的流动性；劳动力、资本和技术等生产要素在三大产业之间的配置完全遵从市场原则；在发展中国家普遍存在的显著的城乡差别，在那些模型下不存在。因此，这样的模型不一定适用于发展中国家状况的分析。

二元经济模型是上个世纪 50 年代兴起的专门针对不发达国家的理论分析模型。不发达国家普遍存在着区别很明显的两个部门。这两个部门的划分，有的学者用农业—工业划分法，有的用农村—城市划分法，有的用传统—现代划分法。但不论如何划分，二元经济模型区别于其他模型的关键点在于：两部门劳动力市场不统一，劳动力报酬在两部门的决定方式不同，一个部门劳动力的平均收入高于另一部门。应该说，这种假设比较符合发展中国家的实际情况。二元经济模型肇端于 Lewis（Lewis，1954），其后经过 Ranis 和 Fei（Ranis 和 Fei，1961）、Harris、Todaro（Todaro，1969；Harris 和 Todaro，1970）等人的深化和发展，二元经济模型逐渐成为分析和评价发展中国家经济、政策问题的有力工具。就收入分配而言，一些学者已经对二元经济模型下的收入分配问题进行过探讨（Bourguignon，1990；Fields，1993；Atkinson，2005；Temple，2005），其中包含着对发展中国家一些经济政策，比如最低工资政策的收入分配效果的评价（Temple，2005）。

本章在二元经济模型的框架下，就我国公共债务对收入分配的影响进行理论分析。笔者首先建立二元经济模型，使用基尼系数作为衡量收入分配的指标，讨论一些关键变量对基尼系数的影响；然后探讨公共债务对这些变量的影响，从而推知公债对收入分配的影响；最后简要说明本章的模型及其结论在我国的适用性。

第一节　模　型

本章的二元经济模型建立在 Ranis 和 Fei（Ranis 和 Fei，1961）以及 Atkinson（Atkinson，2005）的模型的基础上。模型从严格的假定入手，然后逐步放宽一些假定，以推导一些关键变量对基尼系数的影响。

（一）初始模型

假设经济中存在两个部门，一个是农村部门，一个是城市部门。两部门都使用资本与劳动进行生产，生产函数都是规模报酬不变的 Cobb-Douglas 生产函数。农村部门生产农产品，城市部门生产工业品。农村部门使用的资本量是外生给定的，而且只有公共资本，即由公共投资形成的农田水利设施等固定资本；储蓄全部用于城市部门资本的形成；没有折旧。假设总人口是常数 L_0，且全部人口都是可使用的劳动力；农村部门初始的劳动力数量为 L_r，城市部门初始的劳动力数量为 L_u。

假设城市部门的劳动力能够充分就业，而农村部门的劳动力则处于 Ranis 和 Fei 描述的状态，存在过剩劳动力和隐性失业问题（Ranis 和 Fei，1961）。如下图所示：

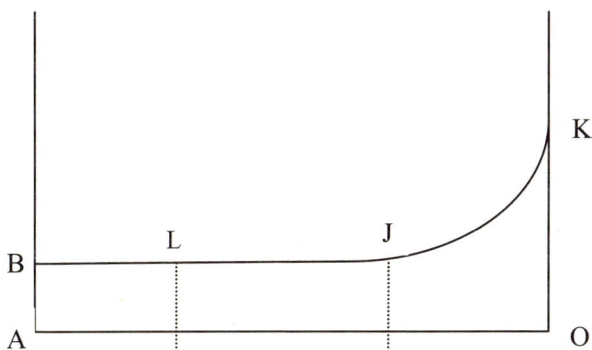

图 3.2　城市部门面对的农村劳动力供给曲线

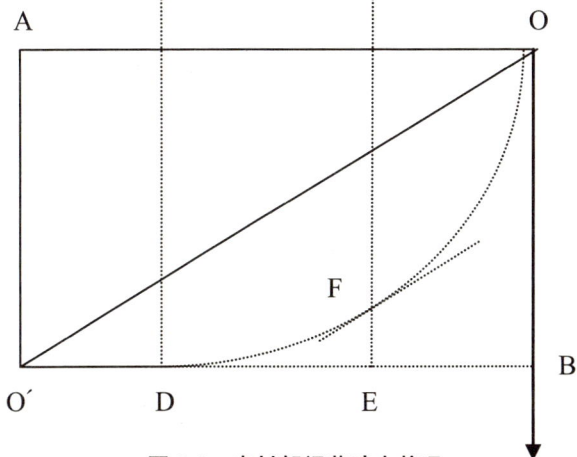

图 3.1　农村部门劳动力状况

　　图 3.1 描述了农村部门劳动力的状况。OA 轴代表农村中的劳动力数量，OA 为农村初始劳动力数量 Lr；OB 轴代表农村农产品的产量，OB 表示在现有的资本水平和技术水平下，农村全部初始劳动力能够生产的最大产品数量。曲线 OFDO' 为农村劳动力的总产量曲线，其斜率代表劳动力的边际产量。从图 3.1 可以看出，农村中的劳动力可分为三部分：O'D 部分的劳动力，其边际产量为 0，增加这部分劳动力，并不能带来更多的农产品的产出，这部分劳动力相对于农业生产而言是"多余"的；DE 部分的劳动力，其边际产量虽不为 0，但小于当前水平下农村全部劳动力的平均产量①，Ranis 和 Fei 称这部分劳动力

---

①在该图中，平均产量等于 OB/OA。

处于"隐性失业"状态；EB 部分的劳动力，其边际产量大于农村全部劳动力的平均产量，可视为有效劳动力。

然而，笔者对农村劳动力状态的假设虽然采用 Ranis 和 Fei 的思想，但对三部分劳动力在农村生产中的作用却要做出不同于 Ranis 和 Fei 的假设。在 Ranis 和 Fei（Ranis 和 Fei，1961）的模型中，有效劳动力和隐性失业劳动力都会参加农业生产；但为了下面分析的方便，笔者假设农村中只有有效劳动力参加农业生产，隐性失业者不参与农业生产，实际处于显性失业的状态。这一假设只是为了简化劳动力转移过程的需要，也便于对农业生产函数做出相应的假设。改变这一假设，对模型的结论并不具有实质性的影响。

图 3.2 是城市部门面对的农村劳动力的供给曲线。二元经济结构下城乡收入的显著差异，会吸引农村劳动力由农村向城市转移，以谋求更高的收入。由于农村剩余劳动力和隐性失业人员的存在，农村劳动力向城市的转移也可以分为三个阶段：第一阶段是农村剩余劳动力向城市的转移，这部分劳动力待在农村没有边际贡献，却依然要消费农产品，转移到城市则可以获得收入，因此从农村最先转移出来的往往是这部分劳动力；第二阶段是农村隐性失业者向城市的转移，这部分劳动者在农村边际贡献较小，因此等剩余劳动力都转移完毕后，他们也就具有了向城市转移的动力；第三阶段则是农村有效劳动力向城市的转移，这部分劳动力的转移会遵循边际准则，因为这时农村劳动力也变得稀缺起来。

由于本模型假设隐性失业者不参与农业生产，因此他们同剩余劳动力一样，向城市部门的劳动力供给曲线是水平的。也就是说，在固定工资的条件下，城市部门可以实现对农村剩余劳动力和隐性失业者的雇佣。这一点，与 Ranis 和 Fei 的模型稍有不同。在他们那里，到劳动力转移的第二阶段，劳动力供给曲线就开始向上倾斜了。农村有效劳动力向城市部门的供给曲线是向上倾斜的，符合稀缺资源在市场中的配置原则。二元经济结构的特性，体现在农村还存在剩余劳动力和隐性失业者的阶段。而一旦进入劳动力转移的第三阶段，城乡劳动力市场便实现了统一，这时二元经济结构就消失了。因此，本章只关注劳动力转移的第一、第二阶段。图 3.2 中，AB 表示城市部门愿意提供给农村剩余劳动力和隐性失业者的固定工资水平，而 BL、LG 和 JK 三段则分别代表农村剩余劳动力、隐性失业者和有效劳动力向城市部门的劳动供给曲线。

假设农村部门的生产函数为：

$$Y_r = k_r^a L_{re}^{1-a}$$

其中，L_{re} 表示农村有效劳动，$L_{re} = \gamma L_r$。本章采用 Ranis 和 Fei 的假设，在农村隐性失业者转移完毕之前，农村劳动力的收入水平为农村所有劳动力的平均产量，这一收入称为"制度工资"（Ranis 和 Fei，1961）。由于本章只关注农村存在剩余劳动力和隐性失业者的情形，因此在本章的模型中，农村人口的平均收入就等于制度工资。农村劳动力的平均产量为：

$$y_r = \frac{Y_r}{L_r} = \frac{k_r^a L_{re}^{1-a}}{\frac{1}{\gamma} L_{re}} = \gamma k$$

k_r^a 为农村中的资本与有效劳动之比。

假设城市部门中只有产业工人一个阶层。产业工人既包含城市原有的劳动力，也包含从农村转移到城市的劳动力。假设产业工人的工资水平由外生力量决定，比如由政府的法定最低工资决定，为 w_0；产业中除工资外的所有利润都储蓄起来进行投资。工资和利润都以工业品的形式出现。

二元经济结构的关键点在于：城市部门劳动力的平均工资水平要高于农村部门，两个部门的劳动力市场是不统一的，因此：

$$w_0 > \gamma k_r^a$$

假设城市部门的生产函数为：

$$Y_u = K_u^\beta L_u^{1-\beta}$$

按照上面的描述，如果画出收入分配的洛伦茨曲线，那么应该如下图所示：

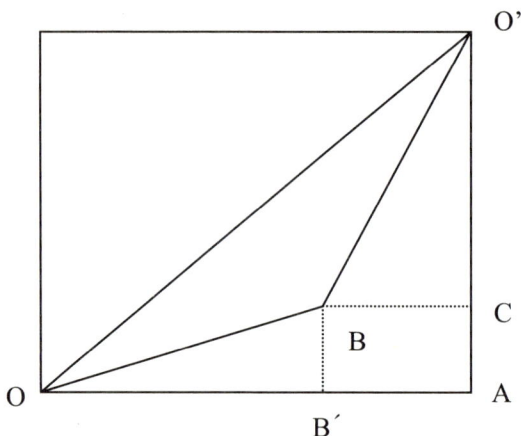

图 3.3　洛伦茨曲

上图中，OA 轴表示人口百分比，AO' 轴表示收入百分比，长度都为 1。OB' 表示农村劳动力占总劳动力的百分比[①]，B'A 表示城市劳动力占总劳动力的百分比。假设 B'A= θ，则 OB'=1− θ。AC 表示农村人口的收入占总收入的百分比，CO' 表示城市人口的收入占总收入的百分比。

按照定义，基尼系数 G 应该等于三角形 OBO' 的面积除以三角形 OAO' 的面积。

$$G=\frac{S_{\triangle OBO'}}{S_{\triangle OAO'}}$$

可以推知，基尼系数 G 等于[②]:

$$G=\frac{S_{\triangle OBO'}}{1/2}=1-\frac{(1-\theta)(1+\theta)\gamma k_r^a+\theta^2 W_o}{(1-\theta)\gamma k_r^a+\theta W_o} \qquad \text{式 3.1}$$

如果假设农村有效劳动占农村初始劳动力的比例 γ 不变，农村的资本与有效劳动之比 k_r 也不变，那么由上式可以看出，基尼系数 G 是城市劳动力占总劳动力的比重 θ 的函数。

将 G 对 θ 求导可得：

---

① 本模型假设所有人口都是可用劳动力。
② 基尼系数计算的详细过程，见附录 3.1。

$$\frac{dG}{d\theta} = \frac{(-2\theta\gamma k_r^a + 2\theta W_0)[(1-\theta)\gamma k_r^a + \theta W_0] - (-\gamma k_r^a + W_0)[(1-\theta)(1+\theta)\gamma k_r^a + \theta^2 W_0]}{[(1-\theta)\gamma k_r^a + \theta W_0]^2}$$

$$= \frac{(-\gamma k_r^a + W_0)[(1-\theta)(1+\theta)\gamma k_r^a + \theta^2 W_0] - (-2\theta\gamma k_r^a + 2\theta W_0)[(1-\theta)\gamma k_r^a + \theta W_0]}{[(1-\theta)\gamma k_r^a + \theta W_0]^2}$$

$$= \frac{(-\gamma k_r^a + W_0)[(1-\theta)(1+\theta)\gamma k_r^a + \theta^2 W_0] - (-\gamma k_r^a + W_0)2\theta[(1-\theta)\gamma k_r^a + \theta W_0]}{[(1-\theta)\gamma k_r^a + \theta W_0]^2}$$

$$= \frac{(-\gamma k_r^a + W_0)[(1-\theta)(1+\theta)\gamma k_r^a + \theta^2 W_0 - 2\theta(1-\theta)\gamma k_r^a - 2\theta^2 W_0]}{[(1-\theta)\gamma k_r^a + \theta W_0]^2}$$

$$= \frac{(-\gamma k_r^a + W_0)[(1-\theta)^2 \gamma k_r^a - \theta^2 W_0]}{[(1-\theta)\gamma k_r^a + \theta W_0]^2}$$

由上面的假设可知，$-\gamma k_r^a + W_0$ 大于 0，而分母 $[(1-\theta)\gamma k_r^a + \theta W_0]^2$ 也大于 0；因此 $\dfrac{dG}{d\theta}$ 的符号，关键取决于 $(1-\theta)^2 \gamma k_r^a - \theta^2 W_0$ 项。

$$(1-\theta)^2 \gamma k_r^\alpha - \theta^2 W_O > 0 \Rightarrow (1-\theta)^2 \gamma k_r^\alpha > \theta^2 W_O \Rightarrow \theta < \frac{\sqrt{\gamma k_r^\alpha}}{\sqrt{W_O} + \sqrt{\gamma k_r^\alpha}}$$

因此，当城市劳动力在总劳动力中的比重还未达到一定比例时，随着城市人口比例的上升，基尼系数会上升，收入分配差距会拉大；而当城市劳动力占总劳动力的比重超过了那个比例时，随着城市人口比重的上升，基尼系数会下降，收入分配差距会缩小。这个比例，我们可视为收入分配差距变动方向发生变化的临界点比例。由于 W_0 大于 γk_r^a，因此 $\dfrac{\sqrt{\gamma k_r^a}}{\sqrt{W_0} + \sqrt{\gamma k_r^a}}$ 小于 1/2，也就是说，城市人口不到总人口的一半时，收入分配与城市人口比重的关系就会发生变化。

（二）放宽假定

接下来，我们逐步放宽模型的一些假设，以推导基尼系数与除城市人口比例之外的其他一些关键变量之间的关系。

假设一部分工人通过辛勤劳动和勤俭节约，成为了资本所有者，利润全部归他们所有。不过，我们采取 Atkinson 的假设，资本所有者阶层人数极少，占总人口的比例很小，可忽略不计（Atkinson，2005）。假设城市工人不再按固定工资水平获得报酬，而是按边际产出获取工资。换句话说，城市劳动力的市场化程度较高，资源配置符合效率原则。这时，城市工人的人均收入为：

$$w = \frac{\partial Y_u}{\partial L_u} = (1-\beta)\frac{k_u^\beta}{L_u^\beta} = (1-\beta)k_u^\beta$$

其中，k_u 是城市部门的资本劳动比。

资本家阶层的加入，使得洛伦茨曲线发生了变化，如下图所示：

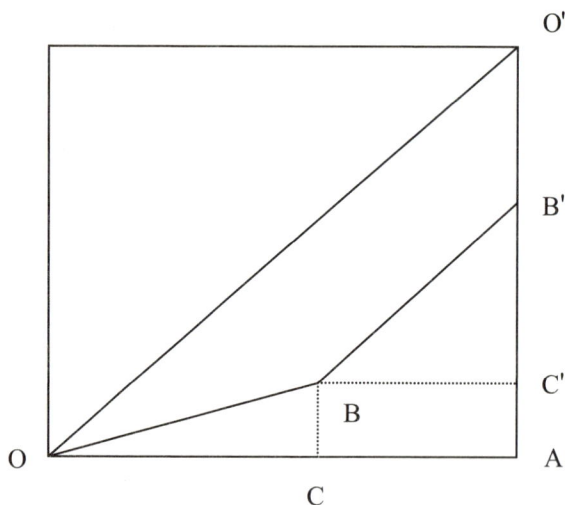

图 3.4　洛伦茨曲线图

上图中，OC 为农村劳动力占总人口的比重 $1-\theta$。CA 为城市劳动力占总人口的比重 θ，而资本所有者因占总人口的比例可忽略不计，因此在 OA 轴上没有体现。在这种情况下，总人口依然可视为与总劳动力数量相等。AC' 为农村劳动力收入占社会总收入的比重，C'B' 为城市劳动力收入占社会总收入的比重，而 B'O' 则是资本所有者的利润占总收入的比重。

每单位资本可得到的利润率为：

$$r = \frac{\partial Y_u}{\partial k_u} = \beta k_u^{\beta-1} L_u^{1-\beta} = \beta k_u^{\beta-1}$$

K_u 单位资本的总利润为：$r \cdot K_u = \beta k_u^{\beta-1} \cdot Ku = \beta k_u^{\beta-1} \cdot k_u L_u = \theta L_o \beta k_u^\beta$

可以推知，此时的基尼系数为[①]：

$$G = \frac{S_{OBB'O'}}{1/2} = 1 - \frac{(1-\theta^2)\gamma k_r^\alpha + \theta^2(1-\beta)k_u^\beta}{(1-\theta)\gamma k_r^\alpha + \theta(1-\beta)k_u^\beta + \theta\beta k_u^\beta}$$

$$= 1 - \frac{(1-\theta^2)\gamma k_r^\alpha + \theta^2(1-\beta)k_u^\beta}{(1-\theta)\gamma k_r^\alpha + \theta\beta k_u^\beta}$$

式 3.2

与初始模型下得到的基尼系数相比，该基尼系数中除 θ 外，还有城市部门的资本劳动比这个变量。将基尼系数对两个变量分别求导数可得：

$$\frac{\partial G}{\partial \theta} = -\frac{[-2\theta\gamma k_r^\alpha + 2\theta(1-\beta)k_u^\beta][(1-\theta)\gamma k_r^\alpha + \theta k_u^\beta] - (k_u^\beta - \gamma k_r^\alpha)[(1-\theta^2)\gamma k_r^\alpha + \theta^2(1-\beta)k_u^\beta]}{[(1-\theta)\gamma k_r^\alpha + \theta k_u^\beta]^2}$$

$$= \frac{-\theta^2(k_u^\beta - \gamma k_r^\alpha)[(1-\beta)k_u^\beta - \gamma k_r^\alpha] + \gamma k_r^\alpha(k_u^\beta - \gamma k_r^\alpha) - 2\theta\gamma k_r^\alpha(1-\beta)k_u^\beta - \gamma k_r^\alpha]}{[(1-\theta)\gamma k_r^\alpha + \theta k_u^\beta]^2}$$

上式的分母大于 0，而分子是一个关于 θ 的二项式。要决定 $\frac{\partial G}{\partial \theta}$ 的符号，关键是看该二项式在 $\theta \in (0,1)$ 区间内的正负性。

由于我们假定城市工人的平均收入高于农村劳动力，因此 $(1-\beta)k_u^\beta$ 大于 γk_r^α，由此可知，k_u^β 也大于 γk_r^α，因此该二项式对应的抛物线开口向下。

$$-\theta^2(k_u^\beta - \gamma k_r^\alpha)[(1-\beta)k_u^\beta - \gamma k_r^\alpha] + \gamma k_r^\alpha(k_u^\beta - \gamma k_r^\alpha) - 2\theta\gamma k_r^\alpha[(1-\beta)k_u^\beta - \gamma k_r^\alpha] = 0$$

的两个根分别为：

$$\theta_1 = \frac{\gamma k_r^\alpha[(1-\beta)k_u^\beta - \gamma k_r^\alpha] - \sqrt{\{\gamma k_r^\alpha[(1-\beta)k_u^\beta - \gamma k_r^\alpha]\}^2 + \gamma k_r^\alpha(k_u^\beta - \gamma k_r^\alpha)^2[(1-\beta)k_u^\beta - \gamma k_r^\alpha]}}{-(k_u^\beta - \gamma k_r^\alpha)[(1-\beta)k_u^\beta - \gamma k_r^\alpha]}$$

$$\theta_2 = \frac{\gamma k_r^\alpha[(1-\beta)k_u^\beta - \gamma k_r^\alpha] + \sqrt{\{\gamma k_r^\alpha[(1-\beta)k_u^\beta - \gamma k_r^\alpha]\}^2 + \gamma k_r^\alpha(k_u^\beta - \gamma k_r^\alpha)^2[(1-\beta)k_u^\beta - \gamma k_r^\alpha]}}{-(k_u^\beta - \gamma k_r^\alpha)[(1-\beta)k_u^\beta - \gamma k_r^\alpha]}$$

容易看出，θ_2 小于 0，不符合实际情况；而 $0 < \theta_1 < 1$。这说明，当 θ 小于 θ_1 时，随着城市人口占总人口的比重的上升，基尼系数也呈上升趋势，收入分配差距会扩大；而 θ 一旦越过了 θ_1 点，那么随着城市人口占总人口的比重

[①]基尼系数详细的计算过程，见附录 3.2。

的上升，基尼系数会呈下降趋势，收入分配差距会缩小。这一结果，与其面得到的结果相同。只不过，放宽假定改变后，收入分配差距变化的临界点要显得复杂地多。

$$\frac{\partial G}{\partial K_u} = -\frac{\theta^2\beta(1-\beta)k_u^{\beta-1}[(1-\theta)\gamma k_r^\alpha + \theta k_u^\beta] - \theta\beta k_u^{\beta-1}[(1-\theta^2)\gamma k_r^\alpha + \theta^2(1-\beta)k_u^\beta]}{[(1-\theta)\gamma k_r^\alpha + \theta k_u^\beta]^2}$$

$$= \frac{\theta\beta\gamma k_r^\alpha k_u^{\beta-1}[-\beta\theta^2 - (1-\beta)\theta + 1]}{[(1-\theta)\gamma k_r^\alpha + \theta k_u^\beta]^2}$$

上式中，分母一定大于0；分子中，$\theta\beta\gamma k_r^\alpha k_u^{\beta-1}$ 大于0，所以该式的符号取决于 $-\beta\theta^2 - (1-\beta)\theta + 1$ 在 $\theta\in(0,1)$ 区间内的正负性。

容易证明，$-\beta\theta^2 - (1-\beta)\theta + 1 = 0$ 的两个根为：

$$\theta_1 = 1, \quad \theta_2 = -\frac{1}{\beta}$$

因此，在整个 $\theta\in(0,1)$ 区间内，该式都是大于0的。也就是说，随着城市资本劳动比的上升，基尼系数总处于上升状态，无论城市人口占总人口的比重有多大。这个结果，对于本文后面讨论公债对收入分配的影响有着重要的意义。

接下来，我们进一步放宽假定，允许农村存在外生性的技术进步，这种技术进步主要体现在农民接受技术培训，有了更多的关于农业生产的科学知识，从而使农村劳动力的生产率得以提高。在 Ranis 和 Fei 模型中（Ranis 和 Fei，1961），农村劳动生产率的提高，会使得农村的剩余劳动力和有效劳动力都出现增长，而隐性失业劳动力相应减少。在农村初始劳动力数量不变的情况下，农村技术进步使得农村有效劳动力实现增长，从而提高了 γ。在此情况下，我们需要考虑 γ 的变动对收入分配的影响。由于其他条件不变，因此基尼系数的表达式也不变，只不过其中的 γ 成为了一个变量。将 G 对 γ 求导得：

$$\frac{\partial G}{\partial \gamma} = -\frac{(1-\theta^2)k_r^\alpha[(1-\theta)\gamma k_r^\alpha + \theta k_u^\beta] - (1-\theta)k_r^\alpha[(1-\theta^2)\gamma k_r^\alpha + \theta^2(1-\beta)k_u^\beta]}{[(1-\theta)\gamma k_r^\alpha + \theta k_u^\beta]^2}$$

$$= \frac{(1-\theta)k_r^\alpha[\theta^2(1-\beta)k_u^\beta - \theta(1+\theta)k_u^\beta]}{[(1-\theta)\gamma k_r^\alpha + \theta k_u^\beta]^2} = \frac{(1-\theta)k_r^\alpha \cdot \theta k_u^\beta(-\beta\theta-1)}{[(1-\theta)\gamma k_r^\alpha + \theta k_u^\beta]^2}$$

上式中，在其他各项都大于 0 的情况下，$\dfrac{\partial G}{\partial \gamma}$ 的符号取决于 $-\beta\theta-1$ 的符号。容易证明，在 $\theta \in (0,1)$ 的区间内，$-\beta\theta-1$ 小于 0，则 $\dfrac{\partial G}{\partial \gamma}$ 小于 0。也就是说，随着农村有效劳动力占总劳动力比重的提高，基尼系数会出现下降，收入差距会缩小。

然而，农村有效劳动力数量的变动，影响的并不仅仅是 γ。在假设农村资本存量不变的情况下，农村有效劳动力的增长，会降低农村资本 – 有效劳动比 k_r。也就是说，k_r 是 γ 的函数。因此，上式 G 对 γ 求导应变形为：

$$\frac{\partial G}{\partial \gamma} = \frac{(1-\theta)(k_r^{\alpha}+\gamma\alpha k_r^{\alpha-1}\dfrac{dk_r}{d\gamma})\left[(1-\theta^2)\gamma k_r^{\alpha}+\theta^2(1-\beta)k_u^{\beta}-(1-\theta^2)\gamma k_r^{\alpha}-\theta(1+\theta)k_u^{\beta}\right]}{\left[(1-\theta)\gamma k_r^{\alpha}+\theta k_u^{\beta}\right]^2}$$

$$= \frac{(1-\theta)(k_r^{\alpha}+\gamma\alpha k_r^{\alpha-1}\dfrac{dk_r}{d\gamma})\cdot\theta k_u^{\beta}(-\beta\theta-1)}{\left[(1-\theta)\gamma k_r^{\alpha}+\theta k_u^{\beta}\right]^2}$$

$$= \frac{(1-\theta)k_r^{\alpha}\cdot\theta k_u^{\beta}(-\beta\theta-1)(1+\alpha\cdot\dfrac{dk_r}{d\gamma}\dfrac{\gamma}{k_r})}{\left[(1-\theta)\gamma k_r^{\alpha}+\theta k_u^{\beta}\right]^2}$$

如果农村部门的资本存量为常数这一假设不变，那么由 $k_r=\dfrac{k_r}{L_{re}}=\dfrac{k_r}{\gamma L_r}$ 可知：

$$\frac{dk_r}{d\gamma}\frac{\gamma}{k_r}=-1$$

则

$$\frac{\partial G}{\partial \gamma} = \frac{(1-\theta)k_r^{\alpha}\cdot\theta k_u^{\beta}(-\beta\theta-1)(1+\alpha\cdot\dfrac{dk_r}{d\gamma}\dfrac{\gamma}{k_r})}{\left[(1-\theta)\gamma k_r^{\alpha}+\theta k_u^{\beta}\right]^2} = \frac{(1-\alpha)(1-\theta)k_r^{\alpha}\cdot\theta k_u^{\beta}(-\beta\theta-1)}{\left[(1-\theta)\gamma k_r^{\alpha}+\theta k_u^{\beta}\right]^2}$$

对比将基尼系数对 γ 求导的两个结果可以发现，二者都为负，且后者比前者大。这说明，如果考虑到技术进步、劳动生产率提高对农村每单位有效劳动拥有的资本量的影响，那么随着农村有效劳动力占总劳动力比重的上升，基尼系数仍会下降，不过下降的幅度会减小。也就是说，在农村资本存量不变的情况下，农村有效劳动力的增加，减少了每单位有效劳动拥有的资本量，从而削弱了其促进收入分配均等化的功能。这从反面说明，农村每单位有效劳动拥有的资本量的上升，会促使基尼系数下降，对收入分配不平等起着削弱作用。

接下来，我们进一步放宽假定。在前面的模型中，农村部门和城市部门劳动力获得的收入是用各自部门生产的产品来衡量的，没有考虑价格因素。现在假定，工业品与农业品的相对价格为P。则城市部门的劳动力获得的平均收入，如果用农产品衡量的话，为 $P(1-\beta)k_u^{\beta}$ 城市部门资本的利润率为 $P\beta k_u^{\beta-1}$。基尼系数 G 为：

$$G = 1 - \frac{(1-\theta^2)\gamma k_r^{\alpha} + P\theta^2(1-\beta)k_u^{\beta}}{(1-\theta)\gamma k_r^{\alpha} + P\theta k_u^{\beta}}$$

G 对 P 变动的反应为：

$$\frac{\partial G}{\partial P} = \frac{\theta k_u^{\beta}[(1-\theta^2)\gamma k_r^{\alpha} - \theta(1-\theta)(1-\beta)\gamma k_r^{\alpha}]}{[(1-\theta)\gamma k_r^{\alpha} + P\theta k_u^{\beta}]^2} = \frac{\theta k_u^{\beta}\cdot(1-\theta)k_r^{\alpha}(1+\beta\theta)}{[(1-\theta)\gamma k_r^{\alpha} + P\theta k_u^{\beta}]^2}$$

上式各项皆为正，因此，随着 P 的上升，G 也会上升。也就是说，如果工业品相对于农产品的贸易条件改善，那么收入分配差距会扩大；反之，如果农产品的贸易条件得到了改善，那么收入分配差距会缩小。

本章的模型描述到此结束。从模型的假设可以看出，模型没有考虑城市和农村两部门内部各自的收入不平等；模型中所考察的收入差距，其实是城乡两部门之间的收入差距。就我国的情况而言，虽然农村和城镇各自内部的收入分配差距也在不断扩大，但造成我国收入分配差距的主要因素，却是城乡之间的收入差距（Yao，1999；Denis Tao Yang，1999）。因此，本模型虽然没有考虑城市和农村两部门内部各自的收入不平等，却并不会对其就我国收入分配问题的解释力产生太大影响。

第二节　公债的影响

接下来，本章在上述模型的基础上，讨论公债对收入分配的影响。

在模型中加入政府。假设政府人员占总人口的比重很小，收入占总收入的比重也很小，都可忽略不计。政府考虑通过某种方式为经济发展筹资。通常而言，政府筹资的方式有三种：征税、发债和发行货币。其中，发行货币很容易引发通货膨胀，这是政府和民众都不愿看到的。因此，除非万不得已，政府一般不会优先考虑通过发行货币融资。那么，征税和发债就成为政府考虑的两个主要手段。税收具有强制、无偿和固定的特点，政府可以从中获取稳定的收入，且不需为此付出成本。但也正因如此，税收一般不受民众欢迎。发行债务，政府需要为此付出利息成本，但相对于税收，政府债务一般更容易为民众所接受。因此，政府往往会优先考虑通过发行债务来筹措资金；公债可视为对税收的一种替代（注：此处不涉及李嘉图等价定理的问题，因为笔者所谓公债是税收的替代，是从政府筹资角度考虑的，不涉及两种筹资方式对居民消费的影响是否相同的问题）。

完整的公债运行可分为两个阶段：发行期和偿付期（高培勇，1995）。在发行期，政府发行债务筹措资金，并将筹得的资金用于公共支出；在偿付期，政府通过某种方式为债务的本息融资，并在到期日向债务持有者支付本金和利息。因此，公债的运行要经历四个环节：公债的发行、公债的使用、债务本息的融资和债务本息的偿付。考察公债对收入分配的影响，可将公债置于四个环节中分别进行。在我国，公债本金的偿付是通过借新债还旧债的方式进行的，而公债利息的偿付则列入预算内的财政支出中，因此公债利息可视为通过税收进行的融资。如果我们画一张政府的收入支出平衡图，那么对于我国政府而言，整个公债运行过程的平衡可用下图反映：

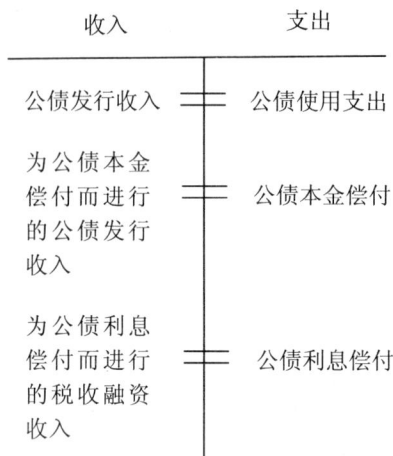

图 3.5 政府收支平衡图

上图中，为公债本金偿付而进行的公债发行，与公债的原始发行对收入分配的影响是相同的；而为公债利息偿付进行的税收融资与公债利息偿付二者对收入分配的影响，笔者在第五章有专门的论述，在本章中不再涉及。因此，本章集中考察公债发行、公债使用和公债本金偿付三个环节上公债对收入分配的影响。

在正式考察之前，需要对二元经济模型下的宏观经济做出一些进一步的假定和说明。

假设经济封闭运行，不存在对外贸易，因此宏观经济的均衡条件为：

Y=C+I+G

其中，Y 为总产出；C 为私人消费支出，I 为私人投资支出，G 为政府购买性支出（假设政府的公债资金只用于投资支出，这个假设符合复式预算的基本要求），三者共同构成了经济中的总需求。

在本章的二元经济模型下，私人消费支出由六部分组成：农村劳动力对农产品的消费 C_{ra}、农村劳动力对工业品的消费 C_{ri}、城市劳动力对农产品的消费 C_{ula}、城市劳动力对工业品的消费 C_{uli}、城市资本所有者对农产品的消费 C_{uca} 和城市资本所有者对工业品的消费 C_{uci}。私人消费支出与两部门的产品供给之间必须满足以下关系：

$$Y_r = C_{ra} + C_{ula} + C_{uca}$$

$$Y_u = C_{ri} + C_{uli} + C_{uci}$$

假设消费支出由当期收入与预期可支配收入决定。各阶层的消费函数可分别表示如下：

$$C_r = C_{ra} + C_{ri} = C_r \ (\ I_r, I_r^e \ )$$

$$C_{ul} = C_{ula} + C_{uli} = C_{ul} \ (I_{ul}, I_{ul}^e)$$

$$C_{uc} = C_{uca} + C_{uci} = C_{uc} \ (I_{uc}, I_{uc}^e)$$

其中，I、I^e 分别表示当期可支配收入和预期可支配收入。

进一步假设农产品和工业品两种产品的边际消费倾向是不同的，后者大于前者。也就是说，无论哪个阶层的居民，一单位当期可支配收入或预期可支配收入的增加，都会增加对农产品和工业品的需求，但对工业品的需求增加地更多。这一假设符合恩格尔定律。

假设私人投资来自储蓄，而储蓄则全部来自资本所有者。由于种种原因，比如兴趣、能力等，有些资本所有者拥有大量储蓄，但不愿意投资；另一些资本所有者则愿意投资但储蓄不足，需要借钱。于是在资本所有者之间会发生借贷关系。私人投资一般受两个因素的影响：一个是投资的成本，主要是利息率，另一个是投资的预期收益。投资者可以考虑向城市部门投资，增加城市的资本存量，也可以考虑向农村部门投资，增加农村的公共资本数量。但在本章的模型中，农村部门的产出被农村庞大的劳动力队伍全部分割完毕，资本投资的预期收益为 0。在这种情况下，私人是没有动力向农村部门投资的，农村的资本存量只有依靠政府投资完成。假设私人在城市部门的投资是利息率的函数：

I=I(ir)

其中，ir 代表利息率。

假设政府的公债投资，可以用于增加城市部门的资本存量，可以用于增加农村部门的资本存量，也可以用于增加对农村劳动力的技术培训。

接下来，笔者在上文描述的二元经济模型和宏观经济均衡的框架内，分公债发行、公债使用和公债本金偿付三个环节，讨论公债对收入分配的影响。

（一）公债发行

1. 即期税收的减少

由于公债可视为税收的一种替代，因此政府通过发债筹措收入，就不再需要通过税收筹措收入，这样相当于将税收返还给了纳税人，直接增加了纳税人的收入。如果我们假设政府的税收全部来自资本所有者的利润，那么公债对税收的替代，会直接增加资本所有者的收入，提高利润收入在社会总收入中的比重。在其他条件不变的情况下，在上述二元模型的框架中，这会提高城市居民的平均收入水平，拉大城乡收入差距。

假设政府加入模型后，最先不以公债筹资，而以税收筹资，且税收来自资本所有者的利润所得，税率为 t；在这种情况下，农村工人的总收入仍为 $(1-\theta)L_0\gamma k_r^a$，城市工人的总收入仍为 $\theta L_0(1-\beta)k_u^\beta$，但资本家的总利润收入从 $\theta L_0\beta k_u^\beta$ 减少为 $\theta L_0\beta k_u^\beta(1-t)$，整个社会的总收入（不包括政府）减少为 $(1-\theta)L_0\gamma k_r^a+\theta L_0(1-\beta)k_u^\beta+\theta L_0\beta k_u^\beta(1-t)$。

农村工人和城市工人的总收入都不变，而整个社会的总收入下降，因此两个阶层的收入在社会总收入中所占的比重都上升；相应的，资本家的利润收入在整个社会总收入中的比重下降。由于农村工人和城市工人在总人口中所占的比重也都不变，因此通过政府课税，收入分配的洛伦茨曲线会发生如下图中的变化：

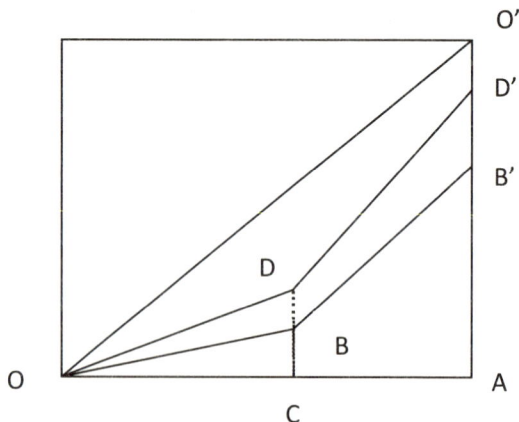

图 3.6　　洛伦茨曲线

上图中，折线 OBB' 与图 3.4 中的折线 OBB' 相同；而折线 ODD' 是政府加入模型、通过向资本所有者的利润课税以筹措收入时的洛伦茨曲线。通过上述分析可知，存在政府课税时，代表农村劳动力的直线 OB 会向内移动至 OD，代表城市劳动力的直线 BB' 会向内移动至 DD'，且 OD 的斜率大于 OB，DD' 的斜率大于 BB'（洛伦茨曲线上某一点的斜率，等于该点所代表的比例人口的平均收入与总人口的平均收入之比，见 Bourguignon，1990）；相应的，利润在总收入中所占的比重会从 B'O' 下降至 D'O'。由于政府课税，整条洛伦茨曲线向内移动，代表着社会收入分配差距的缩小。

通过基尼系数的变化，我们可以进一步明确这一点。政府课税后的基尼系数为：

$$G=1-\frac{(1-\theta^2)\gamma k_r^a+\theta^2(1-\beta)k_u^\beta}{(1-\theta)\gamma k_r^a+\theta(1-\beta)k_u^\beta+\theta\beta k_u^\beta(1-t)}$$

很明显要小于课税前的基尼系数：

$$G=1-\frac{(1-\theta^2)\gamma k_r^a+\theta^2(1-\beta)k_u^\beta}{(1-\theta)\gamma k_r^a+\theta k_u^\beta}$$

然而，如果政府用举债代替课税，那么资本家的当期利润收入就不会减少，洛伦茨曲线就不会发生移动。因此，虽然与没有政府加入时相比，政府举债时的基尼系数也许并没有发生变化；但与课税的情况下相比，举债时的基尼系数会更大，社会收入分配差距会更大。

2. 财政幻觉

政府通过举债融资，相当于将本应向资本家课征的税收返还给了资本家。那么，资本家增加的收入会如何使用？是否会增加消费支出？

按照公债理论中著名的李嘉图等价定理的看法，资本所有者增加的收入是不会用于消费的。因为他们会预期到，将来政府为了偿还公债本息，会向他们的后代课税。而如果他们是完全的利他主义者，后代的福利与自己的福利在他们的效用函数中占有同样的权重，那么他们会把这部分增加的收入用于购买公债，并将其作为遗产留给后代，以保证将来政府为偿付公债本息而课税时，他们的后代付出的税收和从政府得到的公债本息是相等的，从而不会影响后代的消费水平（Barro，1974；高培勇，1995）。

李嘉图等价定理是考察公债对代际公平影响时的核心命题。然而，这一命题成立所需要的假设条件太严格，在现实经济生活中很难满足，比如完全的利他主义、对自己的后代所负担的税收的精确预期等。更为现实的结论应该是，公债会使购买者产生财政幻觉（Buchanan,1967；高培勇，1995）。

所谓财政幻觉，是指由于财政活动的复杂性，使得具体的个人在自己承担的公共成本或享受的公共收益方面产生了幻觉，个人所感受到的成本或收益与实际情况不符。公共债务一向被认为是容易导致财政幻觉的财政制度。公共债务容易导致财政幻觉的一个原因是个人持有公共债务时，容易产生控制金融资产的满足感（Buchanan，1967）。我们可以将课税与举债两种财政制度下个人资产负债状况的变化做一简单的对比。假设政府向个人课征 T 数量的税收，个人用存款缴纳这部分税款，那么其资产负债状况将发生如下变化：

存款　　　　　　　　　　　应纳税额

借方　　贷方　　　　　借方　　贷方

T　　　　　　　　T

图 3.7　课税情况下个人的资产负债状况

个人的应纳税额将减少 T，但其存款也将减少 T。

而如果政府通过向个人发行 T 数量的债券来代替税收，个人用存款购买这部分债券的话，那么其资产负债状况将各发生如下变化：

存款　　　　　　　　　　政府债券

借方　　贷方　　　　　借方　　贷方

T　　　　　　　　T

图 3.8　政府发债情况下个人的资产负债状况

可见，举债只是使得个人的资产结构发生了变化而已：存款减少了 T，同时政府债券增加了 T。而投资者之所以愿意用存款购买公债，是因为投资者预期公债会带来比存款更高的利息。因此在投资者看来，较之课税状况下，其资产不仅没有减少，而且增加了。

公债容易导致财政幻觉的第二个原因是，由于税收制度的复杂性、个人经济行为的不确定性和个人的有限理性等多方面的原因（高培勇，1995），个人对自己将来为公债利息融资而承担的税收成本不会有精确的预期，甚至不会有预期。未来的这部分成本并不能像李嘉图等价定理所描述的那样，通过精确的贴现，完全抵销掉个人当期获得的税收返还收入。

因此，在举债的情况下，投资者会觉得，当期的收入通过税收返还实现了增长，预期获得的公债利息也比存款利息高，预期收入也增加了。

当期收入与预期收入的上升，会增加资本所有者对工业品和农业品的消费需求，从而推动两部门的需求曲线都向右平移。不过，模型假设工业品的边际消费倾向大于农业品，因此工业品的需求曲线向右平移的幅度更大。需求曲线向右平移，会同时提高工业品和农业品的绝对价格。但二者的相对价格是上升还是下降，取决于二者的绝对价格哪个提高的幅度更大；而这又进一步取决于两部门产品供给与需求的相对弹性以及在收入增长的推动下，需求曲线向右平移的相对幅度。

一般而言，农业品作为必需品，其需求价格弹性要小于工业品；而在本章的模型中，由于农业部门资本、土地①等资源的限制，加上农产品生产的滞后性，农产品供给的价格弹性也要小于工业品。因此，两部门产品的供求关系应如下两图所示：

---

① 剩余劳动力和隐性失业者的存在，表明农村土地供给的稀缺程度较高。

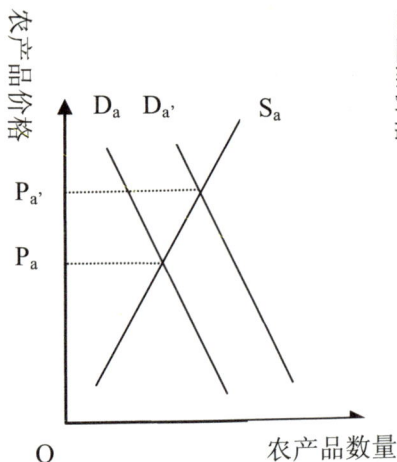

图 3.9　农产品供求曲线图图　　　　3.10　工业品供求曲线图

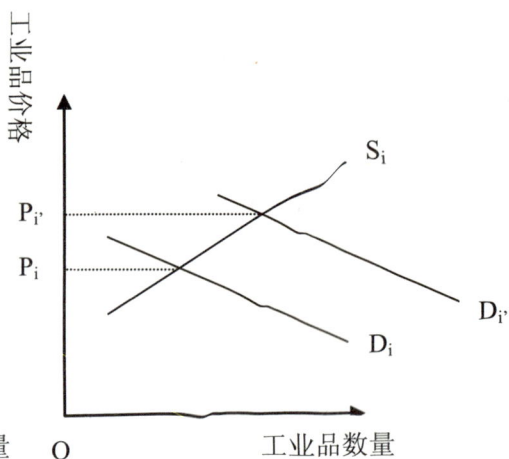

从上两图可看出，图 3.9 中农产品的供给和需求曲线，其价格弹性都小于图 3.10 中工业品的供给和需求曲线。在收入增长的推动下，两部门产品的需求曲线都向右平移，而城市部门平移地更多。农产品的均衡价格从 Pa 上升到了 Pa'，工业品的均衡价格从 Pi 上升到了 Pi'。农产品价格上升的幅度为 $\dfrac{p'_a - p_a}{p_a}$，工业品价格上升的幅度为 $\dfrac{p'_i - p_i}{p_i}$。工业品与农产品相对价格的变动，取决于二者价格上升幅度的相对大小。然而，在本章的模型中，这一大小是不易确定的。因此，由于财政幻觉而带来的收入分配的变动，在本章的模型中不易深入讨论。

尽管如此，Williamson 和 Lindert（Williamson 和 Lindert，1980）研究美国收入分配时，运用可计算一般均衡模型（CGE），对美国历史上若干工业部门产品价格的变化趋势进行研究。结果表明，随着城市人口的增多、人均收入的提高，需求和供给价格弹性都比较大的工业品生产部门，产品价格上升越快，收入分配越有利于这些工业部门的从业者。因此，虽然由于本章模型的局限性，工业品与农产品相对价格如何随着资本所有者收入的上升而变动，是一个不容易确定的结果；但可以说，随着城市平均收入的上升，特别是城市高收入阶层收入的上升，工业品相对价格会上升，应该是一个较为合理的结论。

3. 挤出效应

政府向私人部门举债，会导致经济资源流出私人部门。在本章的模型中，政府举债的来源是资本所有者的储蓄，因此政府举债会导致资本市场上的供求关系发生变化。在其他条件不变的情况下，政府举债会导致资本需求曲线向右平移，如下图所示：

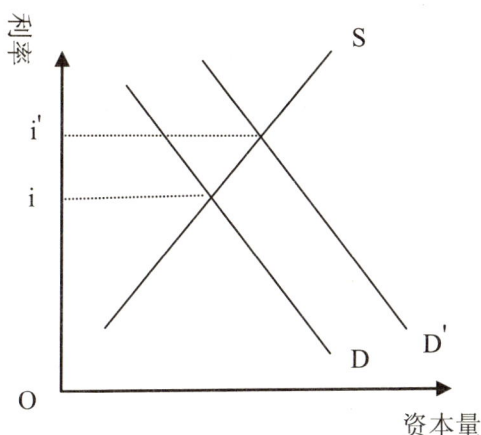

图 3.11　资本市场供求曲线图

上图中，D 和 S 是没有政府举债时的资本市场需求和供给曲线，i 是均衡利率。政府加入模型并举债，会推动资本市场的需求曲线由 D 平移到 D'，这意味着在每个利率水平上，都有更多的资本需求，去竞争稀缺的储蓄资源。在这种情况下，均衡利率从 i 上升到了 i'。

利率是私人投资的成本，利率的上升意味着私人投资成本的上升，从而会导致私人投资的减少，发生公债对私人投资的"挤出"效应。

由于模型假定私人投资只投向城市部门，因此私人投资的减少意味着城市部门资本增长速度的减缓。如果资本所有者保持城市资本劳动比不变，那么资本增长速度的减缓意味着农村劳动力进入城市部门的速度减缓，城市人口占总人口的比重上升地更慢。从上文模型的结果可知，在其他条件不变的情况下，在城市人口的比重达到一定的比例前，随着城市人口比重的上升，基尼系数会上升，收入分配差距会拉大。在这种情况下，城市人口占总人口的比重上升得更慢，意味着基尼系数上升得更慢，收入分配差距拉大得更慢。然而，收入分配差距依然在拉大。

如果资本所有者保持吸纳农村劳动力的速度不变，那么就意味着城市资本劳动比会下降。从上文模型的结果可知，城市资本劳动比下降，基尼系数会下降，收入分配差距会缩小。

然而，资本利润率为 $\beta k_u^{\beta-1}$。资本所有者从利润率最大化的角度出发，不会允许资本劳动比出现下降。因此，更有可能发生的情况是：城市部门的资本劳动比不变，农村劳动力流入城市部门的速度减缓。收入差距依然在拉大，不过拉大的速度减缓了下来。

总之，在公债发行阶段，资本所有者即期收入的增加，会直接拉大收入分配差距；资本所有者对工业品和农业品需求增加的程度不同而引发的二者相对价格的变动，是不易确定的结果，但工业品的相对价格会上升，是一个较为合理的假定，由此也会拉大收入分配差距；而公债发行的挤出效应，虽然会减缓城市资本积累的速度，减缓农村劳动力向城市的流动，从而减缓收入分配差距拉大的速度，但只要城市资本规模是在扩大而不是缩小，收入分配差距就还在拉大，虽然速度可能会减缓一些。因此可以说，公债发行环节，公债对收入分配差距总体上起到了扩大的作用。

（二）公债使用

接下来我们讨论使用环节公债对收入分配的影响。公债使用对收入分配产生什么样的影响，关键是公债使用在哪个方向。

如果公债用于城市部门资本的形成，那么公债对私人资本的挤出效应不仅会被弥补起来，而且从上图中可以看出，新的均衡资本量要大于原来的均衡资本量，城市部门的资本规模会扩大，这意味着农村劳动力会被更多地吸收到城市部门来，城市部门劳动力占总劳动力的比重上升。如果政府投资实行与私人投资相同的资本劳动比，城市部门整体的资本劳动比不变，而城市劳动力占总劳动力的比重上升，收入分配差距会拉大；如果政府投资采取更大的资本劳动比，那么城市部门整体的资本劳动比会上升，从模型的结果可知，这会加速收入分配差距的扩大；如果政府投资的资本劳动比低于私人投资，那么城市整体资本劳动比会降低，这会对收入分配差距的扩大起到抑制作用。然而，按照模型假定，城市劳动力获得的平均收入为 $(1-\beta)k_u^{\beta}$，这意味着政府投资和私人投资的资本劳动比应该相同。否则，两种投资下的劳动力获得的收入会出现差距，这会引起劳动力在二者之间的流动，最终使得两种投资的资本劳动比趋于相同。总之，如果公债用于城市部门生产资本的形成，那么会促使收入分配差距拉大。

如果公债用于农村部门资本的形成，那么在其他条件不变的情况下，这意味着农村的资本与有效劳动比会扩大。由模型的结果可知，这意味着基尼系数会减小，收入分配差距会降低。

如果公债用于对农民进行人力资本培训、提高农民的劳动生产率，那么在其他条件不变的情况下，由模型的结果可知，这同时意味着农村有效劳动力占初始劳动力的比重提高和农村资本—有效劳动比的降低。这时，收入分配差距会缩小。但如果公债能在用于提高农民劳动生产率的同时，扩大农村资本存量，保持农村资本与有效劳动比不变甚至上升，那么收入分配差距缩小的幅度会更大。

可见，公债资金是投向城市还是投向农村，直接决定着公债在使用环节有利于扩大还是缩小收入分配差距。一般而言，在工业化和城市化的初期和中期阶段，政府往往会重点关注城市的发展，公债资金投向城市的可能性更大，比例更大；这时，公债的使用就会加速收入分配差距的扩大。

（三）公债本金的偿付

公债为资本所有者持有，因此公债本金的偿付会直接增加资本所有者的当期收入。其初始效应与公债发行时通过税收返还而增加资本所有者的收入是相同的，会提高利润在社会总收入中的比重，提高城市部门的平均收入，降低农村劳动力和城市劳动力的收入在社会总收入中的比重，推动洛伦茨曲线向外移动，基尼系数会上升，收入分配差距会拉大。

资本所有者收入上升后对工业品和农产品需求增长而带来的收入分配的变动，与上文讨论财政幻觉对收入分配的影响，其路径与结果应该是相同的，在此不再赘述。

从以上对公债在发行、使用和本金偿付三个环节的分析看，如果满足一些关键性假设，那么公债对收入分配差距拉大会起到推动的作用，这些假设包括：二元经济结构、城市人口的比重未到达一定的比例、公债的主要发行对象是城市人口特别是其中的较高收入者、税收也主要来自城市部门特别是较高收入者、公债主要投向城市部门等。

第三节　我国的情况

1978—2007 年，我国的经济结构、公债发行和使用的现实状况，要比本章模型的假设复杂得多。然而，我国的确具有本章模型假设的关键特征，这主要体现在以下几点：

1. 改革开放以前，我国二元经济结构的特征显著。农村劳动力向城市流动受到严格的限制，城乡劳动力市场被严重分割，城市劳动力的平均收入水平要高于农村劳动力。改革开放后，随着政策的逐渐放宽，农村劳动力大量流入城市，严格的城乡分割被打破；但二元经济结构的特征依然比较明显，这突出体现在城市人口的平均收入增长速度快于农村，城乡平均收入较之改革开放前不但没有缩小，反而在拉大。城乡收入的显著差异，不断吸引着农村劳动力进入城市，也是二元经济结构的典型特征。

2. 改革开放后，我国城市人口的比例处于上升趋势，但 2007 年时仍未达到总人口的一半。1978 年改革开放刚开始时，我国城镇人口只占总人口的17.92%；到 2006 年，这个比例上升到 43.9%。按照本章模型的假设，在其他条件不变的情况下，城市人口占总人口的比例接近一半时，收入分配与城市人口比例的关系的临界点就到了。越过那个临界点后，随着城市人口比例的进一步上升，收入分配差距会缩小。不过需要注意，这是在其他条件不变的情况下得出的结论。而在现实中，其他条件是在变化的，比如农村资本与有效劳动比、农村有效劳动占初始人口的比例、城市劳动力的平均工资水平等。因此，现实中这一临界点的确定，可能会复杂地多。

3. 我国公债被个人投资者持有的部分，绝大多数集中在城镇居民手中。在我国，国债主要有凭证式国债和记账式国债两种。居民个人要购买凭证式国债，必须到各大银行的储蓄网点、或者邮政储蓄部门的储蓄网点办理购买手续。由于各大银行和邮政储蓄部门的基层网点主要设在城镇这一级，国债销售宣传主要在城镇，因此，凭证式国债主要在城镇居民手中持有，城镇居民的凭证式国债购买量占到了全部凭证式国债的 90%。而记账式国债，投资者要购买的话，必须在证券交易所拥有账户，并在证券经营机构开立账户才行，这一条件更非农村居民所能达到。

4. 我国财政收入主要来自城市部门。1981—1985 年、1986—1990 年和 1991—1995 年，我国财政收入分别为 7402.75 亿元、12280.6 亿元和 22442.10 亿元，同期来自农业部门的财政收入分别为 304.1 亿元、559.75 亿元和 1183.91 亿元，占同期财政收入的比重分别为 4.1%、4.6% 和 5.3%（《中国统计年鉴 1998》）。自 1997 年后，《中国统计年鉴》不再公布国家财政收入分部门的收入数据，所以笔者无法得到 1995 年后农业部门财政收入占总财政收入的比重；而农业部门的财政收入也并非来自农村财政收入的全部。然而，可以肯定的是，来自农村的财政收入在我国整体财政收入中的比重一直很小，随着农业税的取消，这一比重更为降低。因此，说我国财政收入主要来自城市部门是合理的。

5. 我国公债在使用方面将城市部门放在了优先考虑的位置。下图反映了我国 1998 到 2000 年国债的投资结构（国家计委宏观经济研究院投资所课题组，2002）[①]。1998 年开始实行积极财政政策，是我国国债规模急剧膨胀的时候，因此下图可以在一定程度上反映我国国债的投资结构：

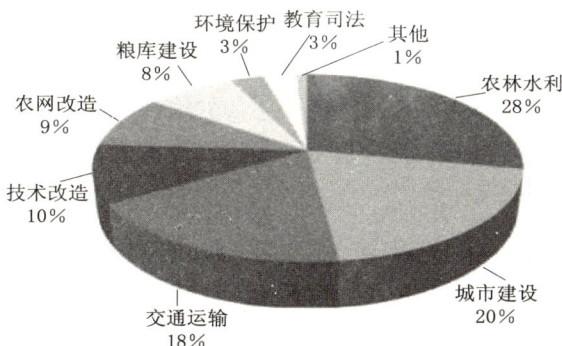

图 3.12 1998—2000 年我国国债投资结构

[①] 由于笔者得不到有关我国公债历年使用方向的完整数据，因此只能从别人引用的资料中寻找能够论证本文结论的一些资料。

上图中，城市建设、交通运输、技术改造、教育司法等投资主要受益者为城市；涉及农村的投资项目主要有农林水利、农网改造和粮库建设，所占的比重似乎不小，但实际上，农林水利的受益者远不限于农村地区，城市地区也从中受益，所以真正与城市基础设施相对应的农村基础设施建设只有农村电网的改造；在国债投资中，城市基础设施投资所占的比重高于农村10%左右（国家计委宏观经济研究院投资所课题组，2002）。因此，有学者认为，我国国债投资在继续注重城市基础设施建设的同时，应加大对农村基础设施的投入，缩小城乡差距（杨萍，2003）。

由于我国大体满足本章模型的一些关键假设，因此我们可以推论，至2007年，我国公债对收入分配差距、特别是城乡之间收入分配差距的拉大，是起了推动作用的。不过，随着我国工业化和城市化发展到一定程度，城市人口占总人口的比重越过了临界比例，公债投资的重点转向农村，那么在本模型的框架下，公债将对缩小收入分配差距起到积极的作用。

附录 3.1

式 3.1 的推导过程如下：

在图 3.3 中，$B'B = AC = \dfrac{(1-\theta)L_0\gamma k_r^\alpha}{(1-\theta)L_0\gamma k_r^\alpha + \theta L_0 W_0} = \dfrac{(1-\theta)\gamma k_r^\alpha}{(1-\theta)\gamma k_r^\alpha + \theta W_0}$

因此，三角形 OB'B 的面积等于：

$$S_{\triangle OB'B} = \frac{1}{2}\cdot(1-\theta)\cdot\frac{(1-\theta)\gamma k_r^\alpha}{(1-\theta)\gamma k_r^\alpha + \theta W_0} = \frac{1}{2}\cdot\frac{(1-\theta)^2\gamma k_r^\alpha}{(1-\theta)\gamma k_r^\alpha + \theta W_0}$$

四边形 BB'AO' 的面积等于：

$$S_{BB'AO'} = \frac{1}{2}\cdot[\frac{(1-\theta)\gamma k_r^\alpha}{(1-\theta)\gamma k_r^\alpha + \theta W_0} + 1]\cdot\theta = \frac{1}{2}\cdot\frac{2\theta(1-\theta)\gamma k_r^\alpha + \theta^2 W_0}{(1-\theta)\gamma k_r^\alpha + \theta W_0}$$

因此，三角形 OBO' 的面积等于：

$$\begin{aligned}
S_{\triangle OBO'} &= S_{\triangle OAO'} - S_{\triangle OB'B} - S_{BB'AO'}\\
&= \frac{1}{2} - \frac{1}{2}\cdot\frac{(1-\theta)^2\gamma k_r^\alpha}{(1-\theta)\gamma k_r^\alpha + \theta W_0} - \frac{1}{2}\cdot\frac{2\theta(1-\theta)\gamma k_r^\alpha + \theta^2 W_0}{(1-\theta)\gamma k_r^\alpha + \theta W_0}\\
&= \frac{1}{2} - \frac{(1-\theta)(1+\theta)\gamma k_r^\alpha + \theta^2 W_0}{2[(1-\theta)\gamma k_r^\alpha + \theta W_0]}
\end{aligned}$$

因此，基尼系数 G 为

$$G = \frac{S_{\triangle OBO'}}{1/2} = 1 - \frac{(1-\theta)(1+\theta)\gamma k_r^\alpha + \theta^2 W_0}{(1-\theta)\gamma k_r^\alpha + \theta W_0}$$

附录 3.2：

式 3.2 的推导过程如下：

在图 3.4 中，

$$BC = AC' = \frac{(1-\theta)L_0\gamma k_r^{\alpha}}{(1-\theta)L_0\gamma k_r^{\alpha} + \theta L_0(1-\beta)k_u^{\beta} + \theta L_0\beta k_u^{\beta}} = \frac{(1-\theta)\gamma k_r^{\alpha}}{(1-\theta)\gamma k_r^{\alpha} + \theta(1-\beta)k_u^{\beta} + \theta\beta k_u^{\beta}}$$

$$C'B' = \frac{\theta L_0(1-\beta)k_u^{\beta}}{(1-\theta)L_0\gamma k_r^{\alpha} + \theta L_0(1-\beta)k_u^{\beta} + \theta L_0\beta k_u^{\beta}} = \frac{\theta(1-\beta)k_u^{\beta}}{(1-\theta)\gamma k_r^{\alpha} + \theta(1-\beta)k_u^{\beta} + \theta\beta k_u^{\beta}}$$

$$AB' = AC' + C'B' = \frac{(1-\theta)\gamma k_r^{\alpha}}{(1-\theta)\gamma k_r^{\alpha} + \theta(1-\beta)k_u^{\beta} + \theta\beta k_u^{\beta}} + \frac{\theta(1-\beta)k_u^{\beta}}{(1-\theta)\gamma k_r^{\alpha} + \theta(1-\beta)k_u^{\beta} + \theta\beta k_u^{\beta}}$$

$$= \frac{(1-\theta)\gamma k_r^{\alpha} + \theta(1-\beta)k_u^{\beta}}{(1-\theta)\gamma k_r^{\alpha} + \theta(1-\beta)k_u^{\beta} + \theta\beta k_u^{\beta}}$$

三角形 OCB 的面积等于：

$$S_{\triangle OCB} = \frac{1}{2}(1-\theta)\frac{(1-\theta)\gamma k_r^{\alpha}}{(1-\theta)\gamma k_r^{\alpha} + \theta(1-\beta)k_u^{\beta} + \theta\beta k_u^{\beta}} = \frac{(1-\theta)^2\gamma k_r^{\alpha}}{2[(1-\theta)\gamma k_r^{\alpha} + \theta(1-\beta)k_u^{\beta} + \theta\beta k_u^{\beta}]}$$

四边形 BCAB' 的面积等于：

$$S_{BCAB'} = \frac{1}{2}\theta\left[\frac{(1-\theta)\gamma k_r^{\alpha}}{(1-\theta)\gamma k_r^{\alpha} + \theta(1-\beta)k_u^{\beta} + \theta\beta k_u^{\beta}} + \frac{(1-\theta)\gamma k_r^{\alpha} + \theta(1-\beta)k_u^{\beta}}{(1-\theta)\gamma k_r^{\alpha} + \theta(1-\beta)k_u^{\beta} + \theta\beta k_u^{\beta}}\right]$$

$$= \frac{\theta}{2} \cdot \frac{2(1-\theta)\gamma k_r^{\alpha} + \theta(1-\beta)k_u^{\beta}}{(1-\theta)\gamma k_r^{\alpha} + \theta(1-\beta)k_u^{\beta} + \theta\beta k_u^{\beta}}$$

$$= \frac{2\theta(1-\theta)\gamma k_r^{\alpha} + \theta^2(1-\beta)k_u^{\beta}}{2[(1-\theta)\gamma k_r^{\alpha} + \theta(1-\beta)k_u^{\beta} + \theta\beta k_u^{\beta}]}$$

四边形 OBB'O' 的面积便等于：

$$S_{OBB'O'} = \frac{1}{2} - S_{\triangle OCB} - S_{BCAB'}$$

$$= \frac{1}{2} - \frac{(1-\theta)^2 \gamma k_r^{\alpha}}{2[(1-\theta)\gamma k_r^{\alpha} + \theta(1-\beta)k_u^{\beta} + \theta\beta k_u^{\beta}]}$$

$$- \frac{2\theta(1-\theta)\gamma k_r^{\alpha} + \theta^2(1-\beta)k_u^{\beta}}{2[(1-\theta)\gamma k_r^{\alpha} + \theta(1-\beta)k_u^{\beta} + \theta\beta k_u^{\beta}]}$$

$$= \frac{1}{2} - \frac{(1-\theta^2)\gamma k_r^{\alpha} + \theta^2(1-\beta)k_u^{\beta}}{2[(1-\theta)\gamma k_r^{\alpha} + \theta(1-\beta)k_u^{\beta} + \theta\beta k_u^{\beta}]}$$

基尼系数 G 等于：

$$G = \frac{S_{OBB'O'}}{1/2} = 1 - \frac{(1-\theta^2)\gamma k_r^{\alpha} + \theta^2(1-\beta)k_u^{\beta}}{(1-\theta)\gamma k_r^{\alpha} + \theta(1-\beta)k_u^{\beta} + \theta\beta k_u^{\beta}} = 1 - \frac{(1-\theta^2)\gamma k_r^{\alpha} + \theta^2(1-\beta)k_u^{\beta}}{(1-\theta)\gamma k_r^{\alpha} + \theta k_u^{\beta}}$$

第四章

我国公债对收入分配影响的实证研究

本章就我国公债对收入分配的影响进行实证性研究。由第二章的结果可知，城乡之间的收入差距，是形成我国目前收入分配差距的主要因素。因此，本章使用第二章中计算得到的四类基尼系数——名义收入的总基尼系数、名义收入的城乡之间基尼系数、实际收入的总基尼系数和实际收入的城乡之间基尼系数作为衡量收入分配状况的指标，分别考察公债对名义收入的总体分配状况、名义收入的城乡之间分配状况、实际收入的总体分配状况和实际收入的城乡之间分配状况这四类状况的影响。

就公债而言，笔者同时考虑公债流量和公债存量对收入分配的影响。在我国，公债还本付息数据从 1986 年开始才有，至 2007 年只有 20 年的数据，达不到回归分析所要求的最低观测数（回归分析最低观测数应为 25，见 A.H. Studenmund,2006），因此笔者不采用公债偿债率作为衡量公债流量规模的指标。同时，在我国，公债的绝大部分都是中央公债，因此笔者加入另外一个指标——中央公债依存度，作为衡量公债流量规模的指标。所谓中央公债依存度，是指一定时期内的公债发行额占当年中央政府财政支出（含债务还本付息支出）的比重。

综合起来，笔者将使用公债依存度和中央公债依存度作为公债流量规模的指标，使用公债负担率作为公债存量规模的指标，分别考察这三个变量对每一类基尼系数的影响。不过，需要再次说明的是，由于笔者研究的对象是国内公债对收入分配的影响，因此，计算公债依存度与中央公债依存度，都使用的是国内公债而不是全部公债；而计算公债负担率时，由于笔者得不到内债余额的数据，因此只有使用全部公债的公债负担率来近似的替代。自 1994 年后，内债便成为我国公债的主体，因此这一替代并不是完全行不通。内债负担率与全部公债的负担率，其对收入分配影响的基本方向应该是相同的，但具体的边际影响大小则会有差异。由于笔者只关心公债与收入分配二者关系的基本方向，因此这一差异对本章的影响可以忽略。

第一节　公债对名义收入总体分配状况的影响

本节考察公债对名义收入总体分配状况的影响，使用名义收入的总基尼系数作为被解释变量，使用公债的三个指标作为解释变量。下面三幅散点图初步反映了名义收入的总基尼系数与公债三个指标之间的关系。

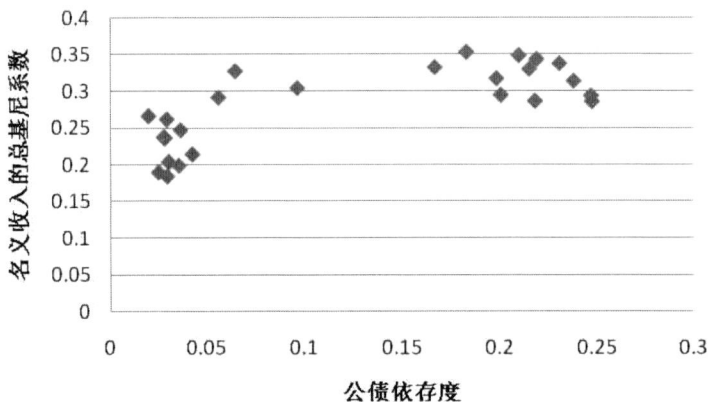

图 4.1　公债依存度和名义收入总基尼系数的关系

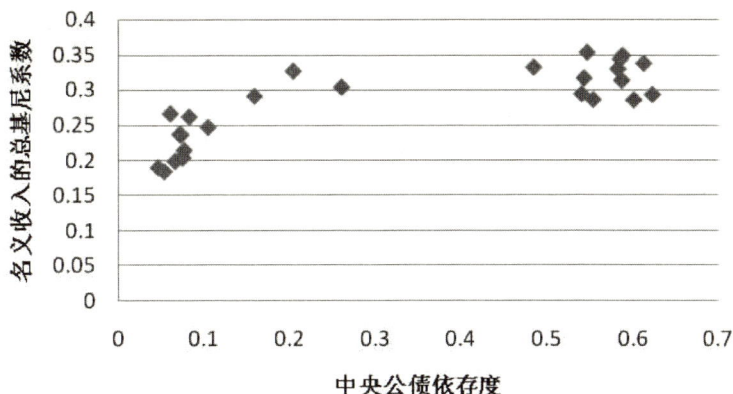

图 4.2　中央公债依存度和名义收入总基尼系数的关系

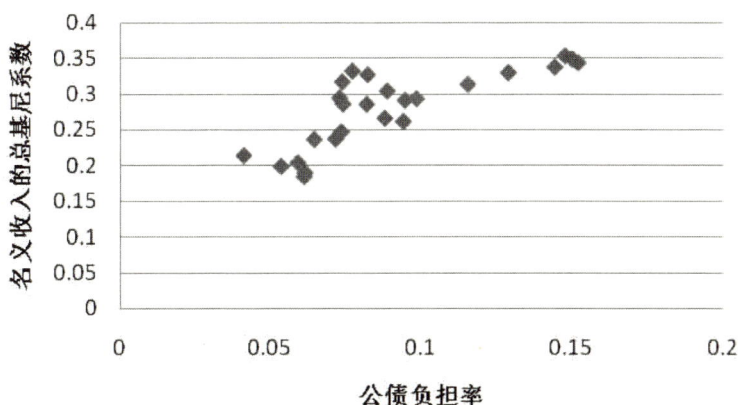

图 4.3　公债负担率和名义收入总基尼系数的关系

从上面的三幅图可以初步看出以下两点：1. 公债与名义收入的总基尼系数之间存在着共同上升的趋势，若要对三幅图中的散点进行拟合，那么得到的曲线应该是向上倾斜的；2. 若要对以上三幅图中的散点进行拟合，则既可以得到直线，也可以得到倒 U 型曲线的左半部分。换句话说，公债与名义收入的总基尼系数之间既有可能是线性关系，也可能是抛物线关系。

（一）模型设定

根据散点图得到的初步结论，笔者对回归模型进行了线性和非线性两种设定：

$$Gini = \alpha + \beta_1 Debt + \beta_3 X + e \qquad\qquad 式\ 4.1$$

$$Gini = \alpha + \beta_1 Debt + \beta_2 Debt^2 + \beta_3 X + e \qquad\qquad 式\ 4.2$$

以上两个模型中，Gini 代表被解释变量——名义收入的总基尼系数，Debt

代表衡量公债流量规模和存量规模的三个指标——公债依存度、中央公债依存度和公债负担率（DDR、CDDR 和 DBR），X 是控制变量向量，α 是常数项；β_1、β_2 分别是 Debt 和 Debt 平方的系数，β_3 是控制变量向量的系数向量，e 是误差项。

笔者选择的控制变量有三组，基本囊括了迄今为止对收入分配进行实证研究的文献所关注的所有宏观经济变量。这三组变量分别代表宏观经济三个方面的特征。第一组衡量宏观经济整体的运行状况，包括人均 GDP、人均 GDP 的平方、GDP 增长率、通货膨胀率、城镇登记失业率和经济开放度；第二组代表经济中的二元结构，包括农业占 GDP 的比重、农村人口占总人口的比重和农业劳动力占总劳动力的比重；第三组代表经济中的生产要素状况，包括农村人均可使用耕地面积、固定资本形成率、高等学校毕业生率、普通中学毕业生率、普通小学毕业生率、铁路密集度和公路密集度。笔者接下来分别介绍这些控制变量，并说明为何选择它们作为控制变量。

人均 GDP 和人均 GDP 的平方，PGDP 和 $PGDP^2$，衡量经济增长水平。Kuznets（1955）以美国、英国和德国三个国家的历史状况作为研究的样本，提出了关于收入分配的著名的库兹涅茨倒 U 型曲线假说：经济增长的早期阶段，当前工业文明向工业文明转变的速度最快时，收入分配差距是拉大的；随后会出现一段时间的稳定期；而在经济发展的后期阶段，收入分配差距则会出现下降。库兹涅茨以后，研究经济增长水平与收入分配的关系，一直是收入分配研究领域的一个热点问题。因此，本章选择人均 GDP 和人均 GDP 的平方作为控制变量。这里的 GDP，是名义 GDP。

GDP 增长率，GRGDP，衡量经济增长的速度。Ahluwalia（1976）认为，必须明确区分经济增长与收入分配之间的两种不同的关系：第一种是短期关系，这时对收入分配起主要作用的是经济增长率；第二种是长期关系，这时对收入分配起主要作用的是经济增长的数量水平和结构特征，而库兹涅茨倒 U 型曲线描述的是二者之间的长期关系。因此，他除了用人均 GNP 和人均 GNP 的平方作为解释变量考察经济增长与收入分配之间的长期关系外，还使用 GDP 增长率作为解释变量考察经济增长对收入分配的短期影响。本章采用 GDP 增长率作为控制变量，正是基于他的这一思想。

通货膨胀率，INF，用消费者价格指数 CPI 表示，以 1978 年为基期。通货膨胀率是影响收入分配的重要因素，通货膨胀率的上升往往被认为对收入分配差距拉大有着显著的作用（Blejer 和 Guorrero，1990；Soderberg，1991；Lopez，2003）。在我国，通货膨胀率对人们收入的影响也是比较明显的，尤其是对于收入货币化程度较高的城镇居民而言。因此，笔者将通货膨胀率作为控制变量之一。

城镇登记失业率，UE，是指城镇登记失业人员与城镇单位就业人员(扣除使用的农村劳动力、聘用的离退休人员、港澳台及外方人员)、城镇单位中的不在岗职工、城镇私营业主、个体户主、城镇私营企业和个体就业人员、城镇登记失业人员之和的比（《中国统计年鉴》）；而城镇登记失业人员，则指有非农业户口，在一定的劳动年龄内(16 周岁至退休年龄)，有劳动能力，无业而要求就业，并在当地就业服务机构进行求职登记的人员。失业率是影响收入分配差距的重要因素。失业会严重影响失业者的货币收入，从而拉大失业者与其他人的收入差距。因此，失业率的上升一般被认为会拉大收入分配差距（Blejer 和 Guorrero，1990；Odedokun 和 Round，2004）。在我国，由于农村隐性失业的存在，我们并不能得到我国整体劳动力的失业统计数据，因此只能用城镇登记失业率替代。

经济开放度，EO，是指商品与劳务的年进出口总额与当年的 GDP 之比。在开放经济条件下，一个国家的进出口对该国国内居民收入分配有着比较明显的影响（Odedokun 和 Round，2004）。Yao 和 Zhang（2001）也曾就经济开放度对我国地区间的收入不平等状况进行过实证检验。

农业占 GDP 的比重，AS，和农业劳动力占总劳动力的比重，ALS，衡量工业化的程度；农村人口占总人口的比重，APS，衡量城市化的程度。这三个变量都是代表我国二元经济结构的变量。一般认为，经济发展的早期，二元经济结构会明显存在，而城市的收入差距会大于农村，随着工业化与城市化的加速，城市人口增多，城市在计算全国收入差距时的权重加大，同时城乡人均生产率差距会越来越大，由此会导致整体收入差距的上升（Kuznets，1955）。Bourguignon 和 Morrisson（1998）曾专门考察过二元经济结构对发展中国家收入分配的影响。他们考察的结果表明，非农业部门与农业部门劳动生产率之比，与低收入群体的收入份额呈显著的负相关关系，而与高收入群体的收入份额呈显著的正相关关系。换句话说，一个国家的二元结构越明显，这个国家的收入分配差距会越大。在我国 1978 年至 2007 年，二元经济结构明显存在，而我国正处于工业化与城市化加速发展的时期，因此，使用这些代表二元经济结构的变量作为控制变量，有其重要的意义。

农村人均可使用耕地面积（单位：公顷），PFL，代表经济中土地这一生产要素的状况。目前，农业收入仍然是我国农村居民收入的重要来源（Zhu 和 Luo，2006），而在自然条件、生产技术等基本稳定的情况下，农民可使用的耕地面积的多寡，直接决定着其农业收入的多少。有学者曾就我国农村家庭人均可耕地面积对农村内部居民收入分配的影响作过实证性研究（Morduch 和 Sicular，2002；Wan 和 Zhou，2005），结果发现，农村人均可耕地面积的上升有利于缩小农村内部居民的收入差距。

固定资本形成率，FC，是指每年固定资本形成总额与当年 GDP 之比，它代表经济中物质资本这一生产要素的状况。资本是市场经济中最重要的生产要素之一，也是资本所有者获得收入的主要来源。国民收入用于资本投资的比率和资本的增长率，一直被认为是影响收入分配的重要因素（Williamson 和 Lindert，1980、1984；Vanhoudt，1998）。因此，笔者将该变量作为控制变量之一。

高等学校毕业生率、普通中学毕业生率和普通小学毕业生率（单位：人/万人），HR、MR 和 PR，分别指当年毕业的高等学校的学生数、普通中学的学生数和普通小学的学生数与当年的总人口数（万人）之比，它们代表当年每万人中拥有的高校毕业生、普通中学毕业生和普通小学毕业生。这三个指标近似地代表经济中人力资本的状况。人力资本也一直被视为影响收入分配的重要因素，但采用何种指标衡量人力资本，则没有统一的标准。有的使用中学入学率（Ahluwalia，1976）；有的使用文盲率（Odedokun 和 Round，2004）；有的使用 15 及 15 岁以上成年人接受的小学、中学和大学教育的平均年限（Barro，2000）等。在本章中，笔者使用高等学校毕业生率等三个指标，作为表示人力资本状况的控制变量。

铁路密集度和公路密集度，RG 和 HG，是指每平方千米土地上的铁路千米数和公路千米数，它们代表经济中交通基础设施的状况。Calderón 和 Servén（2004）研究表明，无论使用何种数量指标，也无论用什么计量方法，交通、电力和通信等基础设施数量的增长和质量的改善，都对削减收入不平等有着显著的作用。在我国，交通基础设施是制约经济发展，尤其是中西部地区经济发展的重要瓶颈，从而成为影响这些地区收入水平的重要因素。因此，笔者将这两个指标作为控制变量加入模型中。

（二）数据来源及特征

本章中，基尼系数的数据来源于笔者自己的计算；计算公债的三个指标所需要的 1981—2005 年每年的公债发行额、公债余额、政府财政支出和中央政府财政支出，都来源于各年的《中国财政年鉴》；而 GDP 状况，则来源于各年的《中国统计年鉴》。各控制变量所需要的数据，都来源于各年的《中国统计年鉴》并经过笔者自己的计算。从 2006 年起，我国公债实行余额管理，财政年鉴中不再反映年度公债发行额。因此，本部分使用的数据，从 1981 到 2005 年。各变量的观测数都为 25，符合回归分析所需要的最低观测数标准（A.H. Studenmund,2006）。下表反映了各变量的统计特征。

表 4.1　变量统计特征

变量	观测数	最大值	最小值	均值	标准差
GINI	25	0.3530	0.1840	0.2796	0.0531
DDR	25	0.2480	0.0197	0.1240	0.0918
CDDR	25	0.6230	0.0480	0.3280	0.2440
DBR	25	0.1520	0.0410	0.0898	0.0320
PGDP	25	14040.0000	492.0000	4602.7600	4076.783
GRGDP	25	0.3640	0.0620	0.1620	0.0790
INF	25	4.6400	1.1230	2.9460	1.3860
UE	25	4.3000	1.8000	2.9080	0.7690
EO	25	0.6390	0.1440	0.3290	0.1280
AS	25	0.3310	0.1260	0.2180	0.0680
APS	25	0.7980	0.5700	0.7010	0.0670
ALS	25	0.6810	0.4480	0.5610	0.0690
PFL	25	0.1740	0.1100	0.1350	0.2400
HR	25	23.4600	1.4000	7.0200	4.9900
MR	25	211.7000	109.2600	138.3200	29.88000
PR	25	207.4200	154.4500	175.4000	15.86000
FC	25	0.4230	0.2590	0.3270	0.044000
RG	25	0.0079	0.0055	0.0064	0.000757
HG	25	0.2010	0.0935	0.1270	0.034700

上表中，城镇登记失业率 UE 是以％度量的。从上表我们可以看出，1981—2005 年，基尼系数 GINI 的均值为 0.27996，最小时为 0.184（1983），最大时为 0.353（2005）；公债依存度 DDR 的均值为 0.124，最小时为 0.0197（1989），最大时为 0.248（1998）；中央公债依存度 CDDR 的均值为 0.328，最小时为 0.048（1984），最大时为 0.623（1999）；公债负担率 DBR 的均值为 0.0898，最小时为 0.041（1981），最大时为 0.152（2003）；人均 GDP——PGDP 的均值为 4602.76，最小时为 492（1981），最大时为 14040（2005）；GDP 增长率 GRGDP 的均值为 0.162，最小时为 0.062（1999），最大时为 0.364（1994）；通货膨胀率 INF 的均值为 2.946，最小时为 1.123（1981），最大时为 4.64（2005）；城镇登记失业率 UE 的均值为 2.908％，最小时为 1.8％（1985），最大时为 4.3％（2003）；经济开放度 EO 的均值为 0.329，最小时为 0.144（1983），最大时为 0.639（2005）；农业占 GDP 的比重 AS 的均值为 0.218，最小时为 0.126（2005），最大时为 0.331（1982）；农村人口占总人口的比重 APS 的均值为 0.701，最小时为 0.57（2005），最大时为 0.798（1981）；农业劳动力占总劳动力的比重 ALS 的均值为 0.561，最小时为 0.448（2005），最大时为 0.681（1981）；农村人均可使用耕地面积 PFL 的均值为 0.135，最小时为 0.11（1995），最大时为 0.174（2005）；高等学校毕业生率 HR 的均值为 7.02，最小时为 1.4（1981），最大时为 23.46（2005）；普通中学毕业生率 MR 的均值为 138.32，最小时为 109.26（1984），最大时为 211.7（2005）；普通小学毕业生率 PR 的均值为 175.4，最小时为 154.45（2005），最大时为 207.42（1981）；固定资本形成率 FC 的均值为 0.327，最小时为 0.259（1990），最大时为 0.423（2005）；铁路密集度 RG 的均值为 0.0064，最小时为 0.0055（1982），最大时为 0.0079（2005）；公路密集度 HG 的均值为 0.127，最小时为 0.0935（1981），最大时为 0.201（2005）。

表 4.2　变量相关系数

	GINI	DDR	CDDR	DBR	PGDP	PGDP²	GRGDP	INF	UE	EO
GINI	1.00	0.75	0.80	0.80	0.81	0.70	0.14	0.86	0.62	0.91
DDR	0.75	1.00	—	—	0.85	0.68	-0.21	0.96	0.68	0.70
CDDR	0.80	—	1.00	—	0.88	0.71	-0.14	0.98	0.69	0.77
DBR	0.80	—	—	1.00	0.87	0.86	-0.19	0.72	0.69	0.87
PGDP	0.81	0.85	0.88	0.87	1.00	0.96	-0.21	0.91	0.82	0.91
PGDP²	0.70	0.68	0.71	0.86	0.96	1.00	-0.22	0.75	0.81	0.88
GRGDP	0.14	-0.21	-0.14	-0.19	-0.21	-0.22	1.00	-0.15	-0.40	0.09
INF	0.86	0.96	0.98	0.72	0.91	0.75	-0.15	1.00	0.69	0.82
UE	0.62	0.68	0.69	0.69	0.82	0.81	-0.40	0.69	1.00	0.66
EO	0.91	0.70	0.77	0.87	0.91	0.88	0.09	0.82	0.66	1.00
AS	-0.94	-0.88	-0.91	-0.83	-0.91	-0.78	0.05	-0.95	-0.66	-0.89
APS	-0.85	-0.83	-0.87	-0.93	-0.98	-0.92	0.20	-0.91	-0.75	-0.91
ALS	-0.88	-0.89	-0.93	-0.77	-0.92	-0.79	0.05	-0.97	-0.60	-0.88
PFL	0.54	0.80	0.79	0.74	0.90	0.85	-0.51	0.80	0.78	0.66
HR	0.70	0.56	0.62	0.85	0.90	0.97	-0.12	0.68	0.73	0.90
MR	0.54	0.57	0.59	0.77	0.84	0.91	-0.42	0.60	0.90	0.70
PR	-0.64	-0.28	-0.35	-0.31	-0.34	-0.27	-0.44	-0.48	-0.06	-0.57
FC	0.79	0.71	0.76	0.71	0.86	0.83	0.20	0.76	0.63	0.86
RG	0.81	0.86	0.89	0.89	0.98	0.92	-0.29	0.92	0.79	0.87
HG	0.79	0.76	0.80	0.94	0.97	0.95	-0.23	0.83	0.82	0.89
	AS	APS	ALS	PFL	HR	MR	PR	FC	RG	HG
GINI	-0.94	-0.85	-0.88	0.54	0.70	0.54	-0.64	0.79	0.81	0.79
DDR	-0.88	-0.83	-0.89	0.80	0.56	0.57	-0.28	0.71	0.86	0.76
CDDR	-0.91	-0.87	-0.93	0.79	0.62	0.59	-0.35	0.76	0.89	0.80
DBR	-0.83	-0.93	-0.77	0.74	0.85	0.77	-0.31	0.71	0.89	0.94
PGDP	-0.91	-0.98	-0.92	0.90	0.90	0.84	-0.34	0.86	0.98	0.97
PGDP²	-0.78	-0.92	-0.79	0.85	0.97	0.91	-0.27	0.83	0.92	0.95
GRGDP	0.05	0.20	0.05	-0.51	-0.12	-0.42	-0.44	0.20	-0.29	-0.23
INF	-0.94	-0.91	-0.97	0.79	0.68	0.60	-0.48	0.76	0.92	0.83
UE	-0.66	-0.74	-0.60	0.78	0.73	0.90	-0.06	0.63	0.79	0.82
EO	-0.89	-0.91	-0.88	0.66	0.90	0.70	-0.57	0.86	0.87	0.89
AS	1.00	0.95	0.97	-0.75	-0.73	-0.64	0.50	-0.83	-0.93	-0.88
APS	0.95	1.00	0.93	-0.87	-0.86	-0.79	0.37	-0.83	-0.99	-0.97
ALS	0.97	0.93	1.00	-0.77	-0.75	-0.60	0.54	-0.82	-0.92	-0.85
PFL	-0.75	-0.87	-0.77	1.00	0.74	0.84	-0.02	0.67	0.92	0.87
HR	-0.73	-0.86	-0.75	0.74	1.00	0.85	-0.39	0.80	0.85	0.90
MR	-0.64	-0.79	-0.60	0.84	0.85	1.00	0.02	0.68	0.82	0.88
PR	0.49	0.37	0.54	-0.02	-0.39	0.02	1.00	-0.40	-0.31	-0.25
FC	-0.83	-0.83	-0.82	0.67	0.80	0.68	-0.40	1.00	0.81	0.82
RG	-0.93	-0.99	-0.92	0.92	0.85	0.82	-0.31	0.81	1.00	0.97
HG	-0.88	-0.97	-0.85	0.87	0.90	0.88	-0.25	0.82	0.97	1.00

上表给出了各变量（包括被解释变量和解释变量）之间的相关系数。从上表我们可以看出三点：1. 名义收入的总基尼系数（GINI）与公债依存度（DDR）、中央公债依存度（CDDR）以及公债负担率（DBR），都存在着比较显著的正相关关系。2. 除 GDP 增长率（GRGDP）外，名义收入的总体基尼系数与其他各控制变量之间也都呈现比较显著的相关关系。特别是基尼系数与人均 GDP（PGDP）、人均 GDP 的平方（PGDP²）之间的显著正相关关系，可以初步告诉我们，如果库兹涅茨倒 U 型曲线在我国成立，那么我国目前正处于该曲线的左半段；3. 除 GDP 增长率（GRGDP）和普通小学毕业生率（PR）与其他控制变量之间相关程度较低外，其余各控制变量之间相关程度也较高。为了避免出现严重的多重共线性，也为了提高模型的自由度，笔者在进行回归时，将把三组控制变量分开使用。

（三）回归分析中的伪回归问题

笔者使用的数据属于时间序列数据。对于这一类数据的回归分析而言，最有可能出现的问题是伪回归，即两个本来没有任何因果关系的变量，却表现出了较高的相关性。体现在回归分析中，就是回归得到的判决系数 R^2 较高，这样的回归结果会产生误导作用。

造成伪回归问题的主要原因是被解释变量和至少一个解释变量都是不稳定的，而造成不稳定的主要原因则是单位根问题。时间序列变量不稳定情况下进行的伪回归，会过高估计模型的判决系数，以及不稳定解释变量系数参数估计的 t 统计量。因此，在对数据进行回归分析前，必须检验各变量是否稳定。而检验变量稳定的常用方法是 Dickey-Fuller 单位根检验法。

由于本章关注的是公共债务对收入分配的影响，除公共债务以外的其他控制变量，都是为避免遗漏变量问题而加入的。它们对收入分配的影响是否显著，它们与基尼系数的关系是否受到变量不稳定的影响，我们不需要考虑。因此，本章只检验基尼系数的稳定性和公债的三个指标及其平方的稳定性。

下表反映了对各变量进行单位根检验的结果：

表 4.3　变量单位根检验结果

	被解释变量	解释变量	ADF 检验结果	T 边界值
GINI	D(GINI, 2)	D(GINI(−1)) D(GINI(−1), 2)	−2.281982	1%: −2.6756 5%: −1.9574 10%: −1.6238
DDR	D (DDR, 2)	D(DDR(−1)) D(DDR(−1), 2)	−2.542795	同上
DDR²	D (DDR², 2)	D(DDR²(−1)) D(DDR²(−1), 2)	−2.328658	同上
CDDR	D (CDDR, 2)	D(CDDR(−1)) D(CDDR(−1), 2)	−2.639454	同上
CDDR²	D (CDDR², 2)	D(CDDR²(−1)) D(CDDR²(−1), 2)	−2.714523	同上
DBR	D (DBR, 2)	D(DBR(−1)) D(DBR(−1), 2)	−2.080046	同上
DBR²	D (DBR², 2)	D(DBR²(−1)) D(DBR²(−1), 2)	−2.044881	同上

从上表中可看出，在一阶差分条件下进行单位根检验时，GINI、DDR、DDR^2、CDDR、$CDDR^2$、DBR 以及 DBR^2 七个变量的 ADF 检验（扩张的 Dickey–Fuller 检验）结果，其绝对值都大于 5% 显著性水平下 t 统计量边界值的绝对值。因此，这七个变量都不稳定，都包含一个单位根，都是一阶单整。

在这种情况下，我们需要进一步检验名义收入的总基尼系数与公债各指标及其平方之间是否是协整的。如果是，那么即使这些变量都不稳定，但说明它们之间存在长期稳定的关系，因此可以直接用原单位进行回归分析（A.H. Studenmund,2006）；如果它们之间不是协整的，那么要消除变量不稳定带来的伪回归问题，就需要先将回归模型转化为一阶差分形式。

对于变量 X 与 Y 而言，如果它们都是不稳定的，且单整阶数相同，那么要验证它们之间是否是协整的，只需验证变量：

$$e = Y - \hat{\alpha} - \hat{\beta}X$$

是否是稳定的。e 是将 Y 对 X 进行 OLS 回归后得到的残差项。在检验多个变量是否协整时，可将任意一个变量作为被解释变量，其他变量作为解释变量，进行 OLS 回归得到残差项，从而检验残差项是否稳定。当所有变量都被作为被解释变量检验之后，仍不能得到稳定的残差项序列，那么就可以认为这些变量间不存在协整关系。

下表反映了基尼系数与公债各指标及其平方之间协整关系检验的结果：

表 4.4 变量协整检验结果

待检验的变量	被解释变量	解释变量	残差 ADF 检验值	T 边界值
GINI、DDR	GINI	DDR	-1.823292	1%：-2.67 5%：-1.9566 10%：-1.6235
GINI、DDR、DDR^2	GINI	DDR、DDR^2	-1.988528	同上
GINI、CDDR	GINI	CDDR	-1.833974	同上
GINI、CDDR、$CDDR^2$	GINI	CDDR、$CDDR^2$	-1.700496	同上
GINI、DBR	GINI	DBR	-2.497147	同上
GINI、DBR、DBR^2	GINI	DBR、DBR^2	-3.063922	同上

上表中对各组变量的残差进行 ADF 检验时，被解释变量都是 D（e），解释变量都是 e(-1) 和 D[e(-1)]。从上表可以看出，在 5% 的显著性水平下，GINI、DDR、DDR^2，GINI、DBR 以及 GINI、DBR、DBR^2 这三组变量都是协整的；而在 10% 的显著性水平下，所有六组待检验变量都是协整的。

变量协整的情况下，可以用原单位直接进行回归分析，也可以运用误差修正模型进行回归分析（A.H.Studenmund,2006）。本章拟采用原单位进行回归分析，原因在于：1.误差修正模型相对比较复杂；2.误差修正模型涉及一阶差分形式，而基尼系数、公债依存度等变量进行一阶差分后，其经济意义不再明显，回归结果所显示的变量之间关系的经济含义便会遭到削弱。因此，本章拟采用原单位进行回归分析，尽管较之误差修正模型，这样做在数据处理的严密性方面会降低。

（四）回归结果

下面的三张表给出了以名义收入的总基尼系数为被解释变量，以公债依存度、中央公债依存度、公债负担率三个指标及其平方为解释变量并与不同的控制变量组相结合，运用式 4.1、式 4.2 设定的回归模型，进行回归分析得到的结果。

表 4.5

	回归模型（1）			回归模型（2）		
	方程 1	方程 2	方程 3	方程 4	方程 5	方程 6
C	0.069 (2.994)	0.306 (2.724)	−0.137 (−0.634)	0.0898 (3.388)	0.3208 (3.96)	−0.396 (−1.901)
DDR	−0.389 (−2.863)	−0.169 (−2.02)	0.068 (0.763)	0.083 (0.236)	0.786 (3.508)	0.705 (2.801)
DDR^2	—	—	—	−1.908 (−1.448)	−3.409 (−4.425)	−2.709 (−2.654)
PGDP	2.80E−05 (2.379)	—	—	3.65E−05 (2.844)	—	—
$PGDP^2$	−2.07E−09 (−3.488)	—	—	−2.41E−09 (−3.879)	—	—
GRGDP	0.046 (0.94)	—	—	−0.0058 (−0.0988)	—	—
INF	0.0064 (0.459)	—	—	−0.000754 (−0.525)	—	—
UE	0.02 (3.14)	—	—	0.0142 (1.894)	—	—
EO	0.369 (4.869)	—	—	0.3285 (4.18)	—	—
AS	—	−1.368 (−5.69)	—	—	−1.098 (−5.982)	—
APS	—	0.294 (1.788)	—	—	0.131 (1.057)	—
ALS	—	0.154 (0.708)	—	—	0.159 (1.011)	—
PFL	—	—	−2.86 (−4.54)	—	—	−2.9997 (−5.561)
HR	—	—	−0.0043 (−2.079)	—	—	−0.0041 (−2.36)
MR	—	—	0.00052 (1.838)	—	—	0.00042 (1.735)
PR	—	—	−0.00058 (−1.266)	—	—	−6.72E−05 (−0.155)
FC	—	—	0.169 (1.329)	—	—	0.0818 (0.7225)
RG	—	—	121.056 (2.68)	—	—	165.061 (3.939)
HG	—	—	0.158 (0.252)	—	—	−0.3829 (−0.6711)
调整 R^2	0.9446	0.9014	0.9402	0.948	0.9489	0.9566
F 值	59.4940	55.8600	48.1260	55.680	90.1230	59.7200
D−W 值	1.5590	0.8250	2.1470	1.685	1.6070	2.6240
观测数	25	25	25	25	25	25

上表中，回归模型（1）和（2）分别代表由式 4.1 和式 4.2 设定的回归模型。方程 1—3 表示在回归模型（1）下，以名义收入的总基尼系数为被解释变量，公债依存度分别与三组控制变量结合共同形成解释变量，进行回归得到的结果；方程 4—6 表示在回归模型（2）下，以名义收入的总基尼系数为被解释变量，公债依存度及其平方分别与三组控制变量结合共同形成解释变量，进行回归得到的结果。

从上表可以看出，六个方程调整后的判决系数和 F 值都很大，说明六组解释变量的整体解释力都比较高。在模型（1）下，方程 1 中公债依存度（DDR）的系数估计结果为负，且 t 值为 –2.863，在 5% 的显著性水平下，该估计结果显著不为 0；该方程的 D-W 统计值为 1.559，不能证明该模型存在序列相关问题。方程 2 中公债依存度的系数估计结果依然为负，且在 10% 的显著性水平下，该估计结果显著不为 0；与方程 1 唯一不同的是，该模型存在序列相关问题。方程 3 中，公债依存度的系数估计结果为正，但 t 值太低，为 0.763，在 10% 的显著性水平下，该估计结果依然不显著。观察整个模型（1）下的三个方程，我们似乎可以倾向于认为：公债依存度对名义收入的总基尼系数有显著的负的影响。

然而，做出这个结论需要谨慎。首先，从散点图和变量相关系数表我们知道，公债依存度和名义收入总基尼系数之间呈正相关关系，而回归结果与这一结论不符；其次，方程 3 中公债依存度的系数估计结果虽然不显著，但其符号与方程 1 和方程 2 中的估计结果完全相反，这不得不引起警惕。

模型（2）在模型（1）的基础上，增加了公债依存度的平方这一变量。观察模型（2）下的三个方程回归结果可以看出，方程 4 中，公债依存度平方的系数估计结果为负，在 10% 的显著性水平下，该结果弱显著；而方程 5 和方程 6 中，公债依存度平方的系数估计结果都为负，且在 5% 的显著性水平下，两个结果都显著。方程 4—6 的 D-W 统计值，都无法证明这些方程存在序列相关问题。

对比模型（2）和模型（1）可以看出：1. 模型（2）下的三个方程估计结果更统一。方程 4—6 中，公债依存度平方的系数估计结果都为负，且都比较显著（虽然方程 4 中的估计结果在 10% 的显著性水平下是弱显著）；而方程 1—3 中，方程 3 公债依存度的系数估计结果与其他两个方程相反，尽管不显著。2.模型（2）下的估计结果与我们从散点图和变量相关系数表中得到的初步结论是一致的。公债依存度平方的系数估计为负说明，公债依存度与名义收入总基尼系数之间呈倒 U 型曲线关系，目前我国可能处于倒 U 型曲线的左半段，因此二者之间呈正相关关系。3.模型（1）下，方程 1 和 2 公债依存度系数估计结果与预期的结果符号相反，很可能是因为遗漏了公债依存度的平方这一很重要的解释变量所致。公债依存度的平方与公债依存度之间有着高度的正相关关系，而公债依存度的平方与被解释变量之间则呈显著的负相关关系，因此如果遗漏了这一变量，那么即使公债依存度对被解释变量的真实影响是正的，在方程 1 和 2 中，它也会表现为负的。

综上所述可以认为，模型（2）较之模型（1）是一个更好的模型。模型（2）下三个方程的回归结果说明，公债依存度与名义收入总基尼系数之间呈倒 U 型曲线关系，而我国目前可能正处于其左半段上。

表 4.6

	回归模型（1）			回归模型（2）		
	方程 1	方程 2	方程 3	方程 4	方程 5	方程 6
C	0.054 (2.120)	0.2826 (2.268)	−0.1213 (−0.5907)	0.0767 (3.1322)	0.3986 (4.0064)	−0.237 (−1.412)
CDDR	−0.1579 (−2.5211)	−0.0493 (−1.2478)	0.0337 (0.9794)	0.1654 (1.1301)	0.4651 (3.4594)	0.3938 (3.3865)
$CDDR^2$	—	—	—	−0.4755 (−2.3865)	−0.7126 (−3.9256)	−0.5493 (−3.1868)
PGDP	2.57E−05 (2.1303)	—	—	3.47E−05 (3.0657)	—	—
$PGDP^2$	−1.96E−09 (−3.2167)	—	—	−2.19E−09 (−4.0011)	—	—
GRGDP	0.0716 (1.3482)	—	—	0.0194 (2.6341)	—	—
INF	0.0096 (0.6483)	—	—	−0.0024 (−0.1686)	—	—
UE	0.0214 (3.14)	—	—	0.0167 (2.6341)	—	—
EO	0.3944 (5.1795)	—	—	0.3163 (4.2198)	—	—
AS	—	−1.3609 (−5.3152)	—	—	−0.8064 (−3.3468)	—
APS	—	0.2884 (1.6564)	—	—	−0.1372 (−0.8006)	—

续表

	回归模型（1）			回归模型（2）		
ALS	—	0.1923 (0.8151)	—	—	0.2108 (1.1717)	—
PFL	—	—	-2.8234 (-4.5246)	—	—	-2.5481 (-5.0447)
HR	—	—	-0.0042 (-2.0604)	—	—	-0.0031 (-1.906)
MR	—	—	0.000523 (1.8894)	—	—	0.000397 (1.7666)
PR	—	—	-0.000562 (-1.2637)	—	—	-8.03E-05 (-0.2082)
FC	—	—	0.1519 (1.1819)	—	—	0.0281 (0.2568)
RG	—	—	117.803 (2.7164)	—	—	120.9827 (3.4965)
HG	—	—	0.1539 (0.2572)	—	—	0.1276 (0.2674)
调整 R^2	0.9403	0.8899	0.9415	0.9532	0.9360	0.96280
F 值	54.9710	49.4759	49.2670	62.0962	71.1815	69.9811
D-W 值	1.6552	0.7410	2.1594	2.0222	1.5150	2.70330
观测数	25	25	25	25	25	25

上表中，方程 1—3 表示在回归模型（1）下，以名义收入的总基尼系数为被解释变量，中央公债依存度分别与三组控制变量结合共同形成解释变量，进行回归得到的结果；方程 4—6 表示在回归模型（2）下，以名义收入的总基尼系数为被解释变量，中央公债依存度及其平方分别与三组控制变量结合共同形成解释变量，进行回归得到的结果。

对比表 4.5 和表 4.6 中回归模型（1）下的方程可以发现，以中央公债依存度作为度量公债的指标时，模型（1）的解释力更弱，因为表 4.6 中，只有方程 1 中央公债依存度的系数估计结果显著为负，方程 2 中央公债依存度的系数估计结果，即使是在 10% 的显著性水平下，也是不显著的；而对比表 4.5 和表 4.6 中模型（2）下的方程可以发现，以中央公债依存度作为度量公债的指标时，模型（2）的解释力更强，因为表 4.6 中，方程 4—6 中中央公债依存度的平方的系数估计结果都显著为负。结合从散点图和变量相关系数表中得到的初步结论，我们可以说，中央公债依存度与收入分配之间也呈倒 U 型曲线关系，而且我国目前可能正处于其左半段上。

表 4.7

	回归模型（1）			回归模型（2）		
	方程 1	方程 2	方程 3	方程 4	方程 5	方程 6
C	0.0161 （0.5075）	−0.2702 （−1.6286）	−0.2376 （−1.3748）	−0.1501 （−2.4867）	−0.4814 （−2.7886）	−0.2308 （−1.3）
DBR	0.74395 （2.77）	1.255 （3.3134）	0.0398 （0.1045）	4.6168 （3.585）	−0.3076 （−0.421）	0.7194 （0.5272）
DBR^2	—	—	—	−22.4803 （−3.052）	10.6357 （2.416）	−3.7088 （−0.5197）
PGDP	−1.49E−05 （−1.056）	—	—	1.73E−05 （1.1063）	—	—
PGDP^2	−2.56E−11 （−0.0363）	—	—	−1.17E−09 （−1.698）	—	—
GRGDP	0.118701 （2.0186）	—	—	0.1384 （2.8466）	—	—
INF	0.0345 （1.811）	—	—	−0.0217 （−0.8974）	—	—
UE	0.0212 （3.212）	—	—	0.0436 （4.7815）	—	—
EO	0.256 （2.537）	—	—	0.2954 （3.535）	—	—
AS	—	−1.086 （−4.934）	—	—	−1.142 （−5.741）	—
APS	—	1.176 （3.8018）	—	—	1.888 （4.663）	—
ALS	—	−0.268 （−1.068）	—	—	−0.682 （−2.411）	—
PFL	—	—	−2.9297 （−4.044）	—	—	−2.781 （−3.498）
HR	—	—	−0.0049 （−2.313）	—	—	−0.00497 （−2.299）
MR	—	—	0.000522 （1.7307）	—	—	0.000634 （1.684）
PR	—	—	−0.000521 （−1.102）	—	—	−0.000558 （−1.1399）
FC	—	—	0.2183 （1.4423）	—	—	0.2354 （1.4864）
RG	—	—	140.0264 （3.5645）	—	—	125.168 （2.537）
HG	—	—	−0.072 （−0.1033）	—	—	0.143 （0.173）
调整 R^2	0.9435	0.9234	0.9380	0.9620	0.9383	0.9351
F 值	58.2082	73.2857	46.4033	77.0135	73.9800	39.3930
D−W 值	1.7030	0.6502	2.0560	2.2530	0.9765	2.0380
观测数	25	25	25	25	25	25

上表中，方程 1—3 表示在回归模型（1）下，以名义收入的总基尼系数为被解释变量，公债负担率分别与三组控制变量结合共同形成解释变量，进行回归得到的结果；方程 4—6 表示在回归模型（2）下，以名义收入的总基尼系数为被解释变量，公债负担率及其平方分别与三组控制变量结合共同形成解释变量，进行回归得到的结果。

对比表 4.5、表 4.6 和表 4.7 可以发现，表 4.5 和表 4.6 的回归结果比较相似；而表 4.7 的回归结果与表 4.5、表 4.6 则有较大差异。表 4.7 中，模型（1）下的三个方程，公债负担率的系数回归结果都是正的，且除第三个方程外，其余两个方程都显著不为 0；而模型（2）下的三个方程，公债负担率平方的系数回归结果则显得比较复杂。方程 4 中公债负担率平方的系数回归结果显著为负，但方程 5 中的回归结果却显著为正，方程 6 中的回归结果虽然也为负，但很不显著。这说明，以公债负担率作为解释变量时，模型（1）的解释力更强。在这种情况下，公债负担率与收入分配之间呈正的线性关系。

综合上面三张表的回归结果可以说，1981—2005 年，我国公债流量和公债存量都对名义收入的总基尼系数有正的影响。公债流量和存量的规模越大，名义收入的总基尼系数越大，名义收入的总体分配越不公平。不过，二者与收入分配的关系不尽相同。以公债依存度和中央公债依存度为指标的公债流量，与收入分配之间呈倒 U 型曲线关系，我国目前可能正处于其左半段上；而以公债负担率为指标的公债存量，则与收入分配呈正的线性关系。

第二节 公债对名义收入城乡之间
分配状况的影响

本部分研究公债对名义收入城乡之间分配状况的影响。在本部分中，名义收入的城乡之间基尼系数作为被解释变量，解释变量与上部分相同。

下面三幅散点图初步反映了名义收入城乡之间基尼系数与公债三个指标之间的关系。

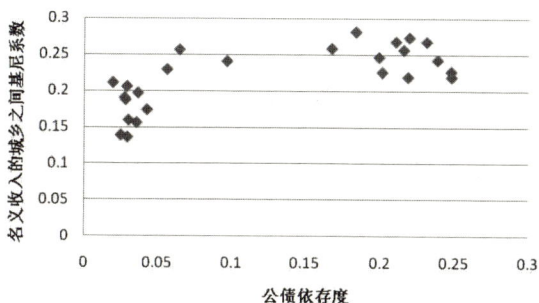

图 4.4 公债依存度与名义收入城乡之间基尼系数的关系

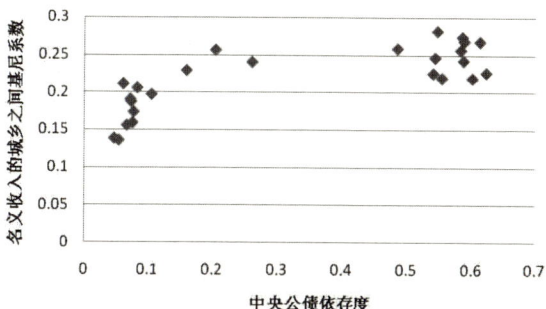

图 4.5 中央公债依存度与名义收入城乡之间基尼系数的关系

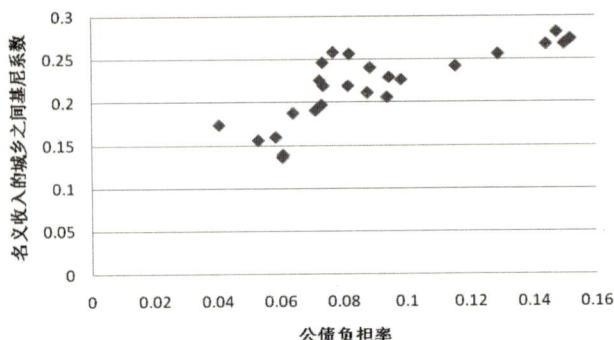

图 4.6　公债负担率与名义收入城乡之间基尼系数的关系

比较图 4.1—4.3 和图 4.4—4.6 可以发现，名义收入的城乡之间基尼系数与公债各指标之间的关系，非常相似于名义收入的总基尼系数与公债相应指标的关系。这说明，以名义收入的城乡之间基尼系数为解释变量依然适用模型(1)和模型(2)。

下表反映了本部分各变量的统计特征。除 GINI 外，其余变量的特征都与表 4.1 中的对应变量相同。

表 4.8　变量统计特征

变量	观测数	最大值	最小值	均值	方差
GINI	25	0.2815	0.1360	0.2190	0.0425
DDR	25	0.2480	0.0197	0.1240	0.0918
CDDR	25	0.6230	0.0480	0.3280	0.2440
DBR	25	0.1520	0.0410	0.0898	0.0320
PGDP	25	14040.0000	492.0000	4602.7600	4076.7830
GRGDP	25	0.3640	0.0620	0.1620	0.0790
INF	25	4.6400	1.1230	2.9460	1.3860
UE	25	4.3000	1.8000	2.9080	0.7690
EO	25	0.6390	0.1440	0.3290	0.1280
AS	25	0.3310	0.1260	0.2180	0.0680
APS	25	0.7980	0.5700	0.7010	0.0670
ALS	25	0.6810	0.4480	0.5610	0.0690
PFL	25	0.1740	0.1100	0.1350	0.2400
HR	25	23.4600	1.4000	7.0200	4.9900
MR	25	211.7000	109.2600	138.3200	29.8800
PR	25	207.4200	154.4500	175.4000	15.8600
FC	25	0.4230	0.2590	0.3270	0.0440
RG	25	0.0079	0.0055	0.0064	0.000757
HG	25	0.2010	0.0935	0.1270	0.0347

从上表可以看出，1981—2005 年，名义收入的城乡之间基尼系数（GINI）的均值为 0.219，最小时为 0.136（1983），最大时为 0.2815（2005）。

表 4.9　变量相关系数

	GINI	DDR	CDDR	DBR	PGDP	PGDP²	GRGDP	INF	UE	EO
GINI	1.00	0.71	0.77	0.80	0.79	0.69	0.14	0.83	0.623	0.90
DDR	0.71	1.00	—	—	0.85	0.68	-0.21	0.96	0.68	0.70
CDDR	0.77	—	1.00	—	0.88	0.71	-0.14	0.98	0.69	0.77
DBR	0.80	—	—	1.00	0.87	0.86	-0.19	0.72	0.69	0.87
PGDP	0.79	0.85	0.88	0.87	1.00	0.96	-0.21	0.91	0.82	0.91
PGDP²	0.69	0.68	0.71	0.86	0.96	1.00	-0.22	0.75	0.81	0.88
GRGDP	0.14	-0.21	-0.14	-0.19	-0.21	-0.22	1.00	-0.15	-0.40	0.09
INF	0.83	0.96	0.98	0.72	0.91	0.75	-0.15	1.00	0.69	0.82
UE	0.63	0.68	0.69	0.69	0.82	0.81	-0.40	0.69	1.00	0.66
EO	0.90	0.70	0.77	0.87	0.91	0.88	0.09	0.82	0.66	1.00
AS	-0.92	-0.88	-0.91	-0.83	-0.91	-0.78	0.05	-0.95	-0.66	-0.89
APS	-0.84	-0.83	-0.87	-0.93	-0.98	-0.92	0.20	-0.91	-0.75	-0.91
ALS	-0.85	-0.89	-0.93	-0.77	-0.92	-0.79	0.05	-0.97	-0.60	-0.88
PFL	0.52	0.80	0.79	0.74	0.90	0.85	-0.51	0.80	0.78	0.66
HR	0.70	0.56	0.62	0.85	0.90	0.97	-0.12	0.68	0.73	0.90
MR	0.55	0.57	0.59	0.77	0.84	0.91	-0.42	0.60	0.90	0.70
PR	-0.62	-0.28	-0.35	-0.31	-0.34	-0.27	-0.44	-0.48	-0.06	-0.57
FC	0.77	0.71	0.76	0.71	0.86	0.83	0.20	0.76	0.63	0.86
RG	0.79	0.86	0.89	0.89	0.98	0.92	-0.29	0.92	0.79	0.87
HG	0.78	0.76	0.80	0.94	0.97	0.95	-0.23	0.83	0.82	0.89
	AS	APS	ALS	PFL	HR	MR	PR	FC	RG	HG
GINI	-0.92	-0.84	-0.85	0.52	0.70	0.55	-0.62	0.77	0.79	0.78
DDR	-0.88	-0.83	-0.89	0.80	0.56	0.57	-0.28	0.71	0.86	0.76
CDDR	-0.91	-0.87	-0.93	0.79	0.62	0.59	-0.35	0.76	0.89	0.80
DBR	-0.83	-0.93	-0.77	0.74	0.85	0.77	-0.31	0.71	0.89	0.94
PGDP	-0.91	-0.98	-0.92	0.90	0.90	0.84	-0.34	0.86	0.98	0.97
PGDP²	-0.78	-0.92	-0.79	0.85	0.97	0.91	-0.27	0.83	0.92	0.95
GRGDP	0.05	0.20	0.05	-0.51	-0.12	-0.42	-0.44	0.20	-0.29	-0.23
INF	-0.94	-0.91	-0.97	0.79	0.68	0.60	-0.48	0.76	0.92	0.83
UE	-0.66	-0.74	-0.60	0.78	0.73	0.90	-0.06	0.63	0.79	0.82
EO	-0.89	-0.91	-0.88	0.66	0.90	0.70	-0.57	0.86	0.87	0.89
AS	1.00	0.95	0.97	-0.75	-0.73	-0.64	0.50	-0.83	-0.93	-0.88
APS	0.95	1.00	0.93	-0.87	-0.86	-0.79	0.37	-0.83	-0.99	-0.97
ALS	0.97	0.93	1.00	-0.77	-0.75	-0.60	0.54	-0.82	-0.92	-0.85
PFL	-0.75	-0.87	-0.77	1.00	0.74	0.84	-0.02	0.67	0.92	0.87
HR	-0.73	-0.86	-0.75	0.74	1.00	0.85	-0.39	0.80	0.85	0.90
MR	-0.64	-0.79	-0.60	0.84	0.85	1.00	0.02	0.68	0.82	0.88
PR	0.49	0.37	0.54	-0.02	-0.39	0.02	1.00	-0.40	-0.31	-0.25
FC	-0.83	-0.83	-0.82	0.67	0.80	0.68	-0.40	1.00	0.81	0.82
RG	-0.93	-0.99	-0.92	0.92	0.85	0.82	-0.31	0.81	1.00	0.97
HG	-0.88	-0.97	-0.85	0.87	0.90	0.88	-0.25	0.82	0.97	1.00

从上表可以看到，名义收入的城乡之间基尼系数与公债的三个指标之间也都呈显著的正相关关系。这一点，与名义收入的总基尼系数的情况一样。

下表反映了对各变量进行D-F单位根检验的结果。

表4.10　变量单位根检验结果

	被解释变量	解释变量	ADF检验结果	T边界值
GINI	D(GINI, 2)	D(GINI(−1)) D(GINI(−1), 2)	−2.745915	1%: −2.6756 5%: −1.9574 10%: −1.6238
DDR	D(DDR, 2)	D(DDR(−1)) D(DDR(−1), 2)	−2.542795	同上
DDR^2	D(DDR^2, 2)	D(DDR^2(−1)) D(DDR^2(−1), 2)	−2.328658	同上
CDDR	D(CDDR, 2)	D(CDDR(−1)) D(CDDR(−1), 2)	−2.639454	同上
$CDDR^2$	D($CDDR^2$, 2)	D($CDDR^2$(−1)) D($CDDR^2$(−1), 2)	−2.714523	同上
DBR	D(DBR, 2)	D(DBR(−1)) D(DBR(−1), 2)	−2.080046	同上
DBR^2	D(DBR^2, 2)	D(DBR^2(−1)) D(DBR^2(−1), 2)	−2.044881	同上

从上表可以看出，名义收入的城乡之间基尼系数、公债的三个指标及其平方这七个变量，都是一阶单整的非稳定变量。

下表反映了对这七个变量之间进行协整检验的结果：

表4.11　变量协整检验结果

待检验的变量	被解释变量	解释变量	残差ADF检验值	T边界值
GINI、DDR	GINI	DDR	−1.880062	1%: −2.67 5%: −1.9566 10%: −1.6235
GINI、DDR、DDR^2	GINI	DDR、DDR^2	−1.926977	同上
GINI、CDDR	GINI	CDDR	−1.908547	同上
GINI、CDDR、$CDDR^2$	GINI	CDDR、$CDDR^2$	−1.700078	同上
GINI、DBR	GINI	DBR	−2.884294	同上
GINI、DBR、DBR^2	GINI	DBR、DBR^2	−3.404648	同上

上表中对各组变量的残差进行ADF检验时使用的被解释变量和解释变量，与表4.4相同。从上表可看出，在5%的显著性水平下，GINI、DBR和GINI、

DBR、DBR² 这两组变量是协整的；而在 10% 的显著性水平下，所有六组变量都是协整的。因此，可以直接用原单位进行回归分析。

　　下面的三张表给出了以名义收入的城乡之间基尼系数为被解释变量，以公债依存度、中央公债依存度、公债负担率三个指标及其平方为解释变量并与不同的控制变量组相结合，运用式 4.1、式 4.2 设定的回归模型，进行回归分析得到的结果。

表 4.12

	回归模型（1）			回归模型（2）		
	方程 1	方程 2	方程 3	方程 4	方程 5	方程 6
C	0.0418 (1.938)	0.2284 (2.4611)	−0.1646 (0.8228)	0.0576 (2.2937)	0.24 (3.4778)	−0.3888 (−1.9582)
DDR	−0.3362 (−2.665)	−0.176 (−2.549)	0.0234 (0.2818)	0.0305 (0.0916)	0.5873 (3.0756)	0.5747 (2.3933)
DDR²	—	—	—	−1.4838 (−1.1887)	−2.7234 (−4.15)	−2.3465 (−2.4092)
PGDP	2.39E−05 (2.1789)	—	—	3.04E−05 (2.5046)	—	—
PGDP²	−1.81E−09 (−3.2786)	—	—	−2.07E−09 (−3.5216)	—	—
GRGDP	0.0175 (0.3862)	—	—	−0.0227 (−0.4044)	—	—
INF	0.0012 (0.0913)	—	—	−0.0044 (−0.3212)	—	—
UE	0.0195 (3.248)	—	—	0.0148 (2.0798)	—	—
EO	0.3426 (4.8642)	—	—	0.3111 (4.1773)	—	—
AS	—	−1.2075 (−6.084)	—	—	−0.9916 (−6.341)	—
APS	—	0.2308 (1.699)	—	—	0.1005 (0.9507)	—
ALS	—	0.20195 (1.123)	—	—	0.2054 (1.5372)	—
PFL	—	—	−2.598 (−4.449)	—	—	−2.7211 (−5.287)
HR	—	—	−0.0038 (−2.0024)	—	—	−0.0037 (−2.2104)
MR	—	—	0.000611 (2.3539)	—	—	0.00053 (2.2917)
PR	—	—	−0.000425 (−1.0066)	—	—	1.61E−05 (0.039)
FC	—	—	0.125 (1.061)	—	—	0.0495 (0.4584)

续表

	回归模型（1）			回归模型（2）		
	方程1	方程2	方程3	方程4	方程5	方程6
RG	—	—	109.6655 (2.619)	—	—	147.7802 (3.696)
HG	—	—	0.0125 (0.0215)	—	—	−0.456 (−0.838)
调整R²	0.925388	0.8952	0.9198	0.9272	0.9421	0.9383
F值	43.523300	52.2549	35.3957	39.1850	79.1614	41.5549
D-W值	1.587000	0.8517	2.1879	1.6324	1.4641	2.4806
观测数	25	25	25	25	25	25

上表中，方程1—3表示在回归模型（1）下，以名义收入的城乡之间基尼系数为被解释变量，公债依存度分别与三组控制变量结合共同形成解释变量，进行回归得到的结果；方程4—6表示在回归模型（2）下，以名义收入的城乡之间基尼系数为被解释变量，公债依存度及其平方分别与三组控制变量结合共同形成解释变量，进行回归得到的结果。

对比表4.5和表4.12可以发现，在这两张表中，无论是在模型（1）下还是在模型（2）下，公债依存度及其平方的系数回归结果都比较相似：1.模型（1）下，两张表中方程1和方程3公债依存度的系数回归结果符号都相反，尽管方程3的系数回归结果都不显著；2.模型（1）下，两张表中方程1和方程2公债依存度的系数回归结果都显著为负，这都与散点图及变量相关系数表提供的信息不符；3.模型（2）下，两张表中方程4—6公债依存度平方的系数回归结果都显著为负，尽管表4.12中方程4的系数回归结果的显著性有些弱。因此，与表4.5的结论相同，表4.12中，模型（2）更有解释力。名义收入的城乡之间基尼系数与公债依存度之间呈倒U型曲线关系，而我国可能正处于该曲线的左半段。

表 4.13

	回归模型（1）			回归模型（2）		
	方程 1	方程 2	方程 3	方程 4	方程 5	方程 6
C	0.0286 (1.2107)	0.2145 (2.054)	−0.1438 (−0.7505)	0.0485 (2.099)	0.3064 (3.53)	−0.25 (−1.582)
CDDR	−0.1355 (−2.334)	−0.0575 (−1.738)	0.0159 (0.4963)	0.1486 (1.076)	0.3503 (2.9866)	0.3467 (3.1659)
$CDDR^2$	—	—	—	−0.418 (−2.22)	−0.565 (−3.567)	−0.5047 (−3.108)
PGDP	2.18E−05 (1.9448)	—	—	2.97E−05 (2.777)	—	—
$PGDP^2$	−1.71E−09 (−3.0247)	—	—	−1.91E−09 (−3.699)	—	—
GRGDP	0.0395 (0.8023)	—	—	−0.0064 (−0.1302)	—	—
INF	0.0039 (0.2841)	—	—	−0.0066 (−0.4995)	—	—
UE	0.0205 (3.2366)	—	—	0.0163 (2.727)	—	—
EO	0.365 (5.169)	—	—	0.2963 (4.189)	—	—
AS	—	−1.207 (−5.627)	—	—	−0.767 (−3.65)	—
APS	—	0.227 (1.556)	—	—	−0.111 (−0.739)	—
ALS	—	0.226 (1.144)	—	—	0.2407 (1.534)	—
PFL	—	—	−2.5675 (−4.4118)	—	—	−2.3146 (−4.865)
HR	—	—	−0.0037 (−1.961)	—	—	−0.0028 (−1.775)
MR	—	—	0.000615 (2.3817)	—	—	0.000499 (2.359)
PR	—	—	−0.000427 (−1.0297)	—	—	1.55E−05 (0.0427)
FC	—	—	0.1118 (0.933)	—	—	−0.0019 (−0.018)
RG	—	—	105.485 (2.608)	—	—	108.406 (3.326)
HG	—	—	0.0353 (0.0632)	—	—	0.0112 (0.0249)
调整 R^2	0.9199	0.8794	0.9206	0.9349	0.924	0.9485
F 值	40.3700	44.7450	35.7840	44.1270	59.331	50.0995
D–W 值	1.6570	0.7536	2.1920	1.8320	1.317	2.4820
观测数	25	25	25	25	25	25

上表中，方程 1—3 表示在回归模型（1）下，以名义收入的城乡之间基尼系数为被解释变量，中央公债依存度分别与三组控制变量结合共同形成解释变量，进行回归得到的结果；方程 4—6 表示在回归模型（2）下，以名义收入的城乡之间基尼系数为被解释变量，中央公债依存度及其平方分别与三组控制变量结合共同形成解释变量，进行回归得到的结果。

对比表 4.13 和表 4.12、表 4.13 和表 4.6 可以发现，正如表 4.6 较之表 4.5，模型（2）的解释力更强，而模型（1）的解释力更弱一样；较之表 4.12，表 4.13 中，模型（1）的解释力并没有明显的提高，但模型（2）中，三个方程中中央公债依存度的系数回归结果都显著为负，解释力明显上升。因此，表 4.13 中，模型（2）依然是更好的模型。名义收入的城乡之间基尼系数与中央公债依存度之间呈倒 U 型曲线关系，而我国目前可能正处于其左半段上。

表 4.14

	回归模型（1）			回归模型（2）		
	方程 1	方程 2	方程 3	方程 4	方程 5	方程 6
C	0.000523 (0.0171)	-0.2834 (-1.9567)	-0.1909 (-1.2141)	-0.1379 (-2.223)	-0.4956 (-3.465)	-0.1845 (-1.144)
DBR	0.5831 (2.2610)	1.0699 (3.2345)	0.1159 (0.3344)	3.807 (2.878)	-0.500 (-0.826)	0.7560 (0.6096)
DBR^2	—	—	—	-18.7113 (-2.473)	10.683 (2.929)	-3.4956 (-0.5387)
PGDP	-1.11E-05 (-0.8211)	—	—	1.57E-05 (0.976)	—	—
$PGDP^2$	-1.43E-10 (-0.2119)	—	—	-1.09E-09 (-1.549)	—	—
GRGDP	0.0732 (1.2961)	—	—	0.0896 (1.793)	—	—
INF	0.0225 (1.2318)	—	—	-0.0242 (-0.9766)	—	—
UE	0.02 (3.156)	—	—	0.0386 (4.125)	—	—
EO	0.261 (2.695)	—	—	0.2939 (3.424)	—	—
AS	—	-0.9548 (-4.9676)	—	—	-1.01 (-6.132)	—
APS	—	0.9773 (3.6202)	—	—	1.693 (5.047)	—
ALS	—	-0.1275 (-0.582)	—	—	-0.543 (-2.318)	—

	回归模型（1）			回归模型（2）		
	方程 1	方程 2	方程 3	方程 4	方程 5	方程 6
PFL	—	—	-2.524 (-3.829)	—	—	-2.384 (-3.298)
HR	—	—	-0.0042 (-2.2)	—	—	-0.0043 (-2.192)
MR	—	—	0.00064 (2.332)	—	—	0.000745 (2.178)
PR	—	—	-0.000442 (-1.0258)	—	—	-0.000476 (-1.0699)
FC	—	—	0.1673 (1.2149)	—	—	0.1834 (1.2738)
RG	—	—	112.722 (3.153)	—	—	98.717 (2.2)
HG	—	—	-0.1686 (-0.2658)	—	—	0.0337 (0.0449)
调整 R^2	0.9187	0.9088	0.9199	0.9375	0.9339	0.9162
F 值	39.7345	60.8250	35.4700	45.9967	68.8190	30.1634
D-W 值	1.6285	0.6660	2.1400	2.0030	1.0330	2.1370
观测数	25	25	25	25	25	25

上表中，方程 1—3 表示在回归模型（1）下，以名义收入的城乡之间基尼系数为被解释变量，公债负担率分别与三组控制变量结合共同形成解释变量，进行回归得到的结果；方程 4—6 表示在回归模型（2）下，以名义收入的城乡之间基尼系数为被解释变量，公债负担率及其平方分别与三组控制变量结合共同形成解释变量，进行回归得到的结果。

对比表 4.14 和表 4.7 可以发现，这两张表在公债负担率及其平方的系数回归结果方面比较相似。模型（1）下的三个方程，公债负担率的系数回归结果都是正的，且除第三个方程外，其余两个方程都是显著不为 0 的；而模型（2）下的三个方程，公债负担率平方的系数回归结果则比较复杂。方程 4 中公债负担率平方的系数回归结果显著为负，但方程 5 中的回归结果却显著为正，方程 6 中的回归结果虽然也为负，但很不显著。这说明，与表 4.7 的结论相同，表 4.14 中，以公债负担率作为解释变量时，模型（1）的解释力更强。在这种情况下，公债负担率与收入分配之间呈正的线性关系。

综合表 4.12、4.13 和 4.14 的回归结果可以说，1981—2005 年，我国公债流量和公债存量都对名义收入的城乡之间基尼系数有正的影响。公债流量和存量的规模越大，名义收入的城乡之间基尼系数越大，城乡之间名义收入的分配越不公平。不过，二者与收入分配的关系不尽相同。以公债依存度和中央公债依存度为指标的公债流量，与收入分配之间呈倒 U 型曲线关系，我国目前可能正处于其左半段上；而以公债负担率为指标的公债存量，则与收入分配呈正的线性关系。

第三节　公债对实际收入
总体分配状况的影响

　　本节和下节研究公债对实际收入分配状况的影响。本节研究公债对实际收入总体分配状况的影响，下节研究公债对实际收入城乡之间分配状况的影响。实际收入是指经过通货膨胀（以 CPI 作为通货膨胀指标，以 1978 年为基年）调整后的收入。较之名义收入，实际收入更能反映居民的真实收入状况和真实生活水平，因此研究公债对实际收入分配的影响，能更直接看到公债对人们真实生活水平差距所起的作用。

　　本节和下节中使用的控制变量，与前两部分稍有不同。本节和下节中，人均 GDP 指的是实际人均 GDP；GDP 增长率也指的是实际 GDP 的增长率。所谓实际 GDP，是指经过通货膨胀（以 GDP 缩胀指数作为通货膨胀的指标，以 1978 年为基年）调整的 GDP。除此之外，笔者将通货膨胀率从控制变量中去掉。原因有二：首先，从上面的回归结果可以看出，通货膨胀对收入分配的影响并不显著，起码对名义收入分配的影响并不显著。因此去掉该变量，并不会造成重大的遗漏变量问题；其次，笔者使用的城乡各自的实际收入，是分别经过城乡各自的通货膨胀率调整过的。再考虑全国整体通货膨胀对实际收入的影响，便显得有些多余。因此，笔者不再使用通货膨胀率作为控制变量。其余控制变量都与前两部分相同。

　　下面三幅散点图初步反映了实际收入的总基尼系数与公债三个指标之间的关系。

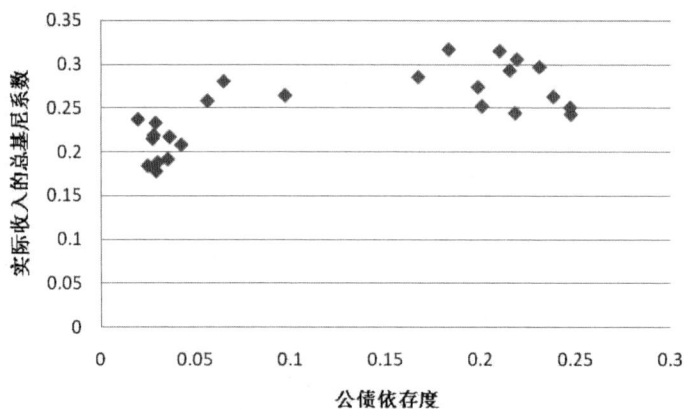

图 4.7　公债依存度与实际收入总基尼系数的关系

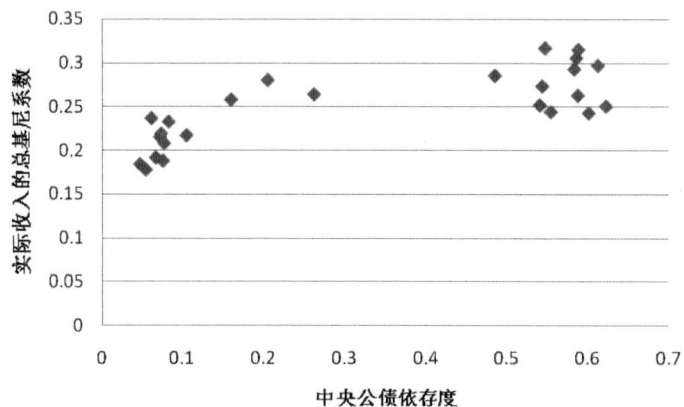

图 4.8　中央公债依存度和实际收入总基尼系数的关系

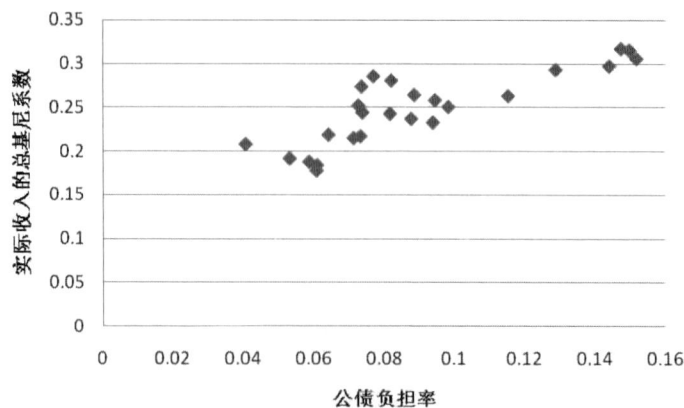

图 4.9　公债负担率与实际收入总基尼系数的关系

将上面三幅图与名义收入下的两组图（图 4.1—4.3 和图 4.4—4.6）对比可以发现，图 4.1、图 4.4、图 4.7 三幅反映公债依存度与收入分配关系的图形状比较接近；图 4.2、图 4.5、图 4.8 三幅反映中央公债依存度与收入分配关系的图形状比较接近；图 4.3、图 4.6 和图 4.9 三幅反映公债负担率与收入分配关系的图形状比较接近。这说明，以实际收入的总基尼系数为被解释变量，依然适用模型（1）和模型（2）。

进一步考察可发现，反映公债依存度、中央公债依存度与收入分配关系的六幅图形状都比较接近，而它们与反映公债负担率与收入分配关系的三幅图，形状差异则比较明显。这也初步说明，解释公债流量与收入分配关系的模型，和解释公债存量与收入分配关系的模型，可能是不一样的。

下表反映了包括被解释变量——实际收入总基尼系数在内的各变量的统计特征。

表 4.15 变量统计特征

变量	观测数	最大值	最小值	均值	标准差
GINI	25	0.3173	0.1774	0.2484	0.041800
DDR	25	0.2480	0.0197	0.1240	0.091800
CDDR	25	0.6230	0.0480	0.3280	0.244000
DBR	25	0.1520	0.0410	0.0898	0.032000
RPGDP	25	3355.4670	447.5111	1471.4540	861.050000
GRRGDP	25	0.1518	0.0383	0.0984	0.029100
UE	25	4.3000	1.8000	2.9080	0.769000
EO	25	0.6390	0.1440	0.3290	0.128000
AS	25	0.3310	0.1260	0.2180	0.068000
APS	25	0.7980	0.5700	0.7010	0.067000
ALS	25	0.6810	0.4480	0.5610	0.069000
PFL	25	0.1740	0.1100	0.1350	0.240000
HR	25	23.4600	1.4000	7.0200	4.990000
MR	25	211.7000	109.2600	138.3200	29.880000
PR	25	207.4200	154.4500	175.4000	15.860000
FC	25	0.4230	0.2590	0.3270	0.044000
RG	25	0.0079	0.0055	0.0064	0.000757
HG	25	0.2010	0.0935	0.1270	0.034700

上表中，GINI 表示实际收入的总基尼系数，RPGDP 表示实际人均 GDP，GRRGDP 表示实际 GDP 的增长率，其余变量与名义收入下的对应变量相同。

从上表可看出，1981—2005 年，实际收入总基尼系数的均值为 0.2484，最小时为 0.1774（1983），最大时为 0.3173（2005）；实际人均 GDP 的均值为 1471.454，最小时为 447.5111（1981），最大时为 3355.467（2005）；实际 GDP 增长率的均值为 0.0984，最小时为 0.0383（1990），最大时为 0.1518（1984）。

表 4.16 反映了各变量之间的相关系数。从该表中可看出，实际收入的总基尼系数与公债的三个指标之间都呈比较显著的正相关关系。

表 4.17 反映了对实际收入的总基尼系数、公债的三个指标及其平方进行单位根检验的结果。从表中可看出，在 5%显著性水平下，这七个变量都是一阶单整的不稳定变量。

表 4.18 反映了对这七个变量进行协整检验的结果。其中，检验 GINI、DDR、DDR^2，GINI、DBR 以及 GINI、DBR、DBR^2 这三组变量时，与前面两部分一样，解释变量中只有一阶差分滞后一期的变量；而在检验其他四组变量时，笔者还加入了一阶差分滞后两期的变量。从表中可以看出，在 5%或是 10%的显著性水平下，这七组变量都是协整的，它们之间存在长期稳定的关系，因此可以直接用原单位进行回归分析。

表 4.16　变量相关系数

	GINI	DDR	CDDR	DBR	RPGDP	RPGDP^2	GRRGDP	INF	UE	EO
GINI	1.00	0.71	0.77	0.84	0.86	0.81	-0.01	0.82	0.69	0.93
DDR	0.71	1.00	—	—	0.85	0.74	-0.08	0.96	0.68	0.7
CDDR	0.77	—	1.00	—	0.88	0.78	-0.05	0.98	0.69	0.77
DBR	0.84	—	—	1.00	0.90	0.90	-0.12	0.72	0.69	0.87
RPGDP	0.86	0.85	0.88	0.9	1.00	0.98	-0.06	0.91	0.79	0.92
RPGDP^2	0.81	0.74	0.78	0.9	0.98	1.00	-0.06	0.81	0.82	0.90
GRRGDP	-0.00	-0.10	-0.00	-0.10	-0.10	-0.10	1.00	-0.11	-0.30	0.05
INF	0.82	0.96	0.98	0.72	0.91	0.81	-0.11	1.00	0.69	0.82
UE	0.69	0.68	0.69	0.69	0.79	0.82	-0.33	0.69	1.00	0.66
EO	0.93	0.7	0.77	0.87	0.92	0.90	0.052	0.82	0.66	1.00
AS	-0.90	-0.90	-0.90	-0.80	-0.90	-0.80	0.031	-0.9	-0.70	-0.90
APS	-0.90	-0.80	-0.90	-0.90	-1.00	-1.00	0.081	-0.9	-0.70	-0.90
ALS	-0.80	-0.90	-0.90	-0.80	-0.9	-0.8	0.024	-1.00	-0.60	-0.90
PFL	0.56	0.80	0.79	0.74	0.88	0.88	-0.2	0.79	0.78	0.66
HR	0.76	0.56	0.62	0.85	0.95	0.90	-0.02	0.68	0.73	0.90
MR	0.62	0.57	0.59	0.77	0.82	0.90	-0.25	0.60	0.90	0.70
PR	-0.6	-0.3	-0.3	-0.3	-0.4	-0.3	-0.14	-0.50	-0.10	-0.60
FC	0.81	0.71	0.76	0.71	0.86	0.85	0.334	0.76	0.63	0.86

续表

	GINI	DDR	CDDR	DBR	RPGDP	RPGDP²	GRRGDP	INF	UE	EO
GINI	1.00	0.71	0.77	0.84	0.86	0.81	-0.01	0.82	0.69	0.93
RG	0.82	0.86	0.89	0.89	0.99	0.96	-0.13	0.92	0.79	0.87
HG	0.84	0.76	0.8	0.94	0.98	0.98	-0.09	0.83	0.82	0.89
	AS	APS	ALS	PFL	HR	MR	PR	FC	RG	HG
GINI	-0.91	-0.86	-0.84	0.56	0.76	0.62	-0.58	0.81	0.82	0.84
DDR	-0.88	-0.83	-0.89	0.8	0.56	0.57	-0.28	0.71	0.86	0.76
CDDR	-0.91	-0.87	-0.93	0.79	0.62	0.59	-0.35	0.76	0.89	0.80
DBR	-0.83	-0.93	-0.77	0.74	0.85	0.77	-0.31	0.71	0.89	0.94
RPGDP	-0.94	-0.99	-0.93	0.88	0.89	0.82	-0.36	0.86	0.99	0.98
RPGDP²	-0.85	-0.96	-0.84	0.88	0.95	0.90	-0.28	0.85	0.96	0.98
GRRGDP	0.031	0.081	0.024	-0.20	-0.00	-0.30	-0.14	0.33	-0.10	-0.10
INF	-0.95	-0.91	-0.97	0.79	0.68	0.60	-0.48	0.76	0.92	0.83
UE	-0.66	-0.75	-0.6	0.78	0.73	0.90	-0.06	0.63	0.79	0.82
EO	-0.89	-0.91	-0.88	0.66	0.90	0.70	-0.57	0.86	0.87	0.89
AS	1.00	0.95	0.969	-0.80	-0.70	-0.60	0.492	-0.80	-0.90	-0.90
APS	0.95	1.00	0.933	-0.90	-0.90	-0.80	0.365	-0.80	-1.00	-1.00
ALS	0.969	0.933	1.00	-0.80	-0.70	-0.60	0.543	-0.80	-0.90	-0.80
PFL	-0.75	-0.87	-0.77	1.00	0.74	0.84	-0.02	0.67	0.92	0.87
HR	-0.73	-0.86	-0.75	0.74	1.00	0.85	-0.39	0.80	0.85	0.90
MR	-0.64	-0.79	-0.60	0.84	0.85	1.00	0.024	0.68	0.82	0.88
PR	0.492	0.365	0.543	-0.00	-0.40	0.02	1.00	-0.40	-0.30	-0.20
FC	-0.83	-0.83	-0.82	0.67	0.80	0.68	-0.40	1.00	0.81	0.82
RG	-0.93	-0.99	-0.92	0.92	0.85	0.82	-0.31	0.81	1.00	0.97
HG	-0.88	-0.97	-0.85	0.87	0.90	0.88	-0.25	0.82	0.97	1.00

表 4.17 变量单位根检验结果

	被解释变量	解释变量	ADF 检验结果	T 边界值
GINI	D(GINI, 2)	D(GINI(-1)) D(GINI(-1), 2)	-2.345976	1%: -2.6756 5%: -1.9574 10%: -1.6238
DDR	D (DDR, 2)	D(DDR(-1)) D(DDR(-1), 2)	-2.542795	同上
DDR²	D (DDR², 2)	D(DDR²(-1)) D(DDR²(-1), 2)	-2.328658	同上
CDDR	D (CDDR, 2)	D(CDDR(-1)) D(CDDR(-1), 2)	-2.639454	同上
CDDR²	D (CDDR², 2)	D(CDDR²(-1)) D(CDDR2(-1), 2)	-2.714523	同上
DBR	D (DBR, 2)	D(DBR(-1)) D(DBR(-1), 2)	-2.080046	同上
DBR²	D (DBR², 2)	D(DBR²(-1)) D(DBR²(-1), 2)	-2.044881	同上

表 4.18　变量协整检验结果

待检验的变量	被解释变量	解释变量	残差 ADF 检验值	T 边界值
GINI、DDR	GINI	DDR	-2.873487	1%: -2.6756 5%: -1.9574 10%: -1.6238
GINI、DDR、DDR^2	GINI	DDR、DDR^2	-1.6583	1%: -2.6700 5%: -1.9566 10%: -1.6235
GINI、CDDR	GINI	CDDR	-2.9354	1%: -2.6756 5%: -1.9574 10%: -1.6238
GINI、CDDR、$CDDR^2$	GINI	CDDR、$CDDR^2$	-1.7594	同上
GINI、DBR	GINI	DBR	-2.2402	1%: -2.6700 5%: -1.9566 10%: -1.6235
GINI、DBR、DBR^2	GINI	DBR、DBR^2	-2.5301	同上

表 4.19

	回归模型（1）			回归模型（2）		
	方程 1	方程 2	方程 3	方程 4	方程 5	方程 6
C	-0.009 (-0.3709)	0.3526 (3.2683)	0.0574 (0.3184)	0.016 (0.556)	0.37 (5.12)	-0.19 (-1.16)
DDR	-0.3214 (-4.4829)	-0.1552 (-1.933)	0.0469 (0.6273)	0.085 (0.31)	0.82 (4.15)	0.65 (3.31)
DDR^2	—	—	—	-1.53 (-1.53)	-3.5 (-5.12)	-2.56 (-3.22)
RPGDP	0.000139 (5.5554)	—	—	0.0001 (5.9)	—	—
$RPGDP^2$	-3.62E-08 (-6.8471)	—	—	-3.40E-08 (-6.398)	—	—
GRRGDP	0.1621 (2.1627)	—	—	0.064 (0.656)	—	—
UE	0.0325 (6.0165)	—	—	0.026 (3.83)	—	—
EO	0.2612 (6.1683)	—	—	0.188 (2.99)	—	—
AS	—	-0.9799 (-4.25)	—	—	-0.7 (-4.32)	—
APS	—	-0.0163 (-0.103)	—	—	-0.18 (-1.67)	—
ALS	—	0.2496 (1.1941)	—	—	0.25 (1.83)	—

	回归模型（1）			回归模型（2）		
	方程 1	方程 2	方程 3	方程 4	方程 5	方程 6
PFL	—	—	−1.958 (−3.723)	—	—	−2.09 (−4.98)
HR	—	—	−0.0032 (−1.867)	—	—	−0.003 (−2.25)
MR	—	—	0.0005 (2.209)	—	—	0.0004 (2.27)
PR	—	—	−0.0006 (−1.486)	—	—	−8.40E−05 (−0.249)
FC	—	—	0.1127 (1.062)	—	—	0.03 (0.344)
RG	—	—	57.87 (1.534)	—	—	99.43 (3.05)
HG	—	—	0.714 (1.366)	—	—	0.2 (0.46)
调整 R^2	0.967	0.853	0.933	0.96	0.94	0.96
F 值	90.200	35.880	42.480	83.35	70.19	61.03
D-W 值	2.088	0.841	2.180	2.07	1.93	3.01
观测数	25	25	25	25	25	25

上表中，方程 1—3 表示在回归模型（1）下，以实际收入的总基尼系数为被解释变量，公债依存度分别与三组控制变量结合共同形成解释变量，进行回归得到的结果；方程 4—6 表示在回归模型（2）下，以实际收入的总基尼系数为被解释变量，公债依存度及其平方分别与三组控制变量结合共同形成解释变量，进行回归得到的结果。

从上表可以看出，模型（1）中的三个方程，方程 1 和方程 2 公债依存度系数回归结果都显著为负；但方程 3 公债依存度系数回归结果为正，尽管并不显著。方程 2 的 D-W 统计值较小，不能说明方程 2 不存在序列相关问题。相比之下，模型（2）的解释力则要强得多。模型（2）中，三个方程公债依存度平方的系数回归结果都是负的，且除方程 4 弱显著外，另外两个方程回归结果都是强显著的。三个方程的 D-W 统计值也都较大，不能证明存在序列相关问题。进一步比较可以看出，方程 4 和方程 5 中公债依存度的系数回归结果都为正。可以认为，较之方程 4 和方程 5，方程 1 和方程 2 中公债依存度系数回归结果之所以显著为负，是因为遗漏了公债依存度平方这一关键变量所致。因此可以说，

方程模型 (2) 是更好的模型。这说明，与名义收入相似，实际收入的总基尼系数与公债依存度之间也呈倒 U 型曲线关系，我国目前可能正处于其左半段上。

表 4.20

	回归模型（1）			回归模型（2）		
	方程 1	方程 2	方程 3	方程 4	方程 5	方程 6
C	-0.0194 (-0.66)	0.33 (2.72)	0.07 (0.43)	0.002 (0.07)	0.43 (4.44)	-0.02 (-0.15)
CDDR	-0.13 (-3.79)	-0.04 (-1.11)	0.02 (0.86)	0.03 (0.22)	0.44 (3.31)	0.32 (3.26)
$CDDR^2$	—	—	—	-0.22 (-1.23)	-0.66 (-3.72)	-0.45 (-3.1)
RPGDP	0.0001 (4.79)	—	—	0.0001 (4.43)	—	—
$RPGDP^2$	-3.62E-08 (-5.94)	—	—	-3.15E-08 (-4.43)	—	—
GRRGDP	0.18 (2.14)	—	—	0.11 (1.09)	—	—
UE	0.033 (5.45)	—	—	0.03 (4.21)	—	—
EO	0.31 (7.23)	—	—	0.25 (3.93)	—	—
AS	—	-0.97 (-3.94)	—	—	-0.45 (-1.91)	—
APS	—	-0.02 (-0.14)	—	—	-0.42 (-2.49)	—
ALS	—	0.29 (1.29)	—	—	0.31 (1.75)	—
PFL	—	—	-1.93 (-3.7)	—	—	-1.7 (-3.99)
HR	—	—	-0.003 (-1.84)	—	—	-0.002 (-1.62)
MR	—	—	0.0005 (2.26)	—	—	0.0004 (2.2)
PR	—	—	-0.0006 (-1.5)	—	—	-0.0002 (-0.5)
FC	—	—	0.098 (0.92)	—	—	-0.003 (-0.036)
RG	—	—	54.5 (1.5)	—	—	57.11 (1.95)
HG	—	—	0.72 (1.44)	—	—	0.698 (1.73)
调整 R^2	0.95	0.84	0.93	0.95	0.90	0.96
F 值	76.24	31.60	43.42	67.46	44.30	60.37
D-W 值	2.18	0.77	2.20	2.20	1.64	2.99
观测数	25	25	25	25	25	25

上表中，方程 1—3 表示在回归模型（1）下，以实际收入的总基尼系数为被解释变量，中央公债依存度分别与三组控制变量结合共同形成解释变量，进行回归得到的结果；方程 4—6 表示在回归模型（2）下，以实际收入的总基尼系数为被解释变量，中央公债依存度及其平方分别与三组控制变量结合共同形成解释变量，进行回归得到的结果。

较之表 4.19，表 4.20 中模型（1）的解释力进一步降低。模型（1）下的三个方程中，只有方程 1 是显著的，而且方程 1、2 和方程 3 的回归结果符号相反。而模型（2）的解释力则没有降低。三个方程中，中央公债依存度平方的系数回归结果都为负；且除了方程 4 外，其余两个方程的回归结果都显著。这说明，模型（2）是更好的模型。实际收入的总基尼系数与中央公债依存度之间也呈倒 U 型曲线关系，我国目前可能正处于其左半段上。

表 4.21

	回归模型（1）			回归模型（2）		
	方程 1	方程 2	方程 3	方程 4	方程 5	方程 6
C	0.02 (0.86)	−0.12 (−0.68)	−0.02 (−0.11)	−0.07 (−1.12)	−0.39 (−2.39)	−0.02 (−0.11)
DBR	0.495 (2.99)	0.99 (2.53)	−0.01 (−0.04)	2.28 (2.14)	−1.02 (−1.5)	−0.12 (−0.11)
DBR^2	—	—	—	−9.11 (−1.7)	13.7 (3.31)	0.6 (0.1)
RPGDP	3.38E−05 (2.72)	—	—	5.66E−06 (0.28)	—	—
$RPGDP^2$	−1.96E−08 (−5.44)	—	—	−1.21E−08 (−2.15)	—	—
GRRGDP	0.13 (1.52)	—	—	0.22 (2.25)	—	—
UE	0.02 (4.3)	—	—	0.04 (4.28)	—	—
EO	0.31 (6.78)	—	—	0.3 (6.52)	—	—
AS	—	−0.75 (−3.3)	—	—	−0.82 (−4.39)	—
APS	—	0.68 (2.12)	—	—	1.59 (4.19)	—
ALS	—	−0.06 (−0.24)	—	—	−0.6 (−2.24)	—
PFL	—	—	−2.05 (−3.4)	—	—	−2.07 (−3.11)
HR	—	—	−0.004 (−2.03)	—	—	−0.004 (−1.94)

续表

	回归模型（1）			回归模型（2）		
	方程 1	方程 2	方程 3	方程 4	方程 5	方程 6
MR	—	—	0.0005 (2.04)	—	—	0.0005 (1.56)
PR	—	—	−0.0005 (−1.31)	—	—	−0.0005 (−1.24)
FC	—	—	0.14 (1.09)	—	—	0.13 (1.008)
RG	—	—	72.26 (2.22)	—	—	74.67 (1.8)
HG	—	—	0.6 (1.03)	—	—	0.56 (0.81)
调整 R^2	0.94	0.87	0.93	0.95	0.91	0.93
F 值	62.93	40.48	41.42	59.98	50.74	34.53
D-W 值	2.31	0.73	2.09	2.39	1.25	2.1
观测数	25	25	25	25	25	25

上表中，方程 1—3 表示在回归模型（1）下，以实际收入的总基尼系数为被解释变量，公债负担率分别与三组控制变量结合共同形成解释变量，进行回归得到的结果；方程 4—6 表示在回归模型（2）下，以实际收入的总基尼系数为被解释变量，公债负担率及其平方分别与三组控制变量结合共同形成解释变量，进行回归得到的结果。

可以看出，与表 4.19 和表 4.20 不同，表 4.21 中，模型（1）的解释力略强些。模型（1）下，方程 1 和方程 2 中公债负担率的系数回归结果都显著为正；而模型（2）下，方程 4 中公债负担率平方的系数回归结果弱显著为负，而方程 5 中公债负担率平方的系数回归结果显著为正，互相矛盾。同时，模型（2）下方程中公债负担率平方的系数回归结果为正，不符合散点图和变量相关系数表提供的信息。因此，我们可以说，与名义收入状况下相同，以公债负担率作为公债指标时，模型（1）是更好的模型。实际收入的总基尼系数与公债负担率之间呈线性正相关关系。

综合表 4.19、4.20 和 4.21 的回归结果可以说，1981—2005 年，公债流量和公债存量都对实际收入的总基尼系数有正的影响。公债流量和存量的规模越大，实际收入的总基尼系数越大，实际收入的总体分配越不公平。不过，二者与收入分配的关系不尽相同。以公债依存度和中央公债依存度为指标的公债流量，与收入分配之间呈倒 U 型曲线关系，我国目前可能正处于其左半段上；而以公债负担率为指标的公债存量，则与收入分配呈正的线性关系。

第四节　公债对实际收入城乡之间分配状况的影响

本节研究公债对实际收入城乡之间分配状况的影响。本节以实际收入的城乡之间基尼系数为被解释变量，以公债的三个指标及其平方为解释变量，所有控制变量都与第三节相同。

下面三幅散点图初步反映了实际收入的城乡之间基尼系数与公债的三个指标之间的关系。

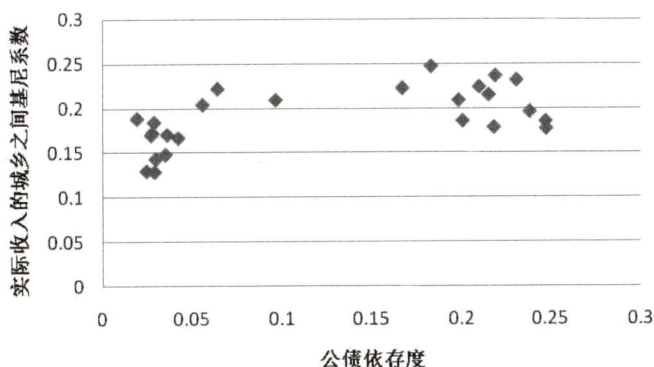

图 4.10　公债依存度与实际收入城乡之间基尼系数的关系

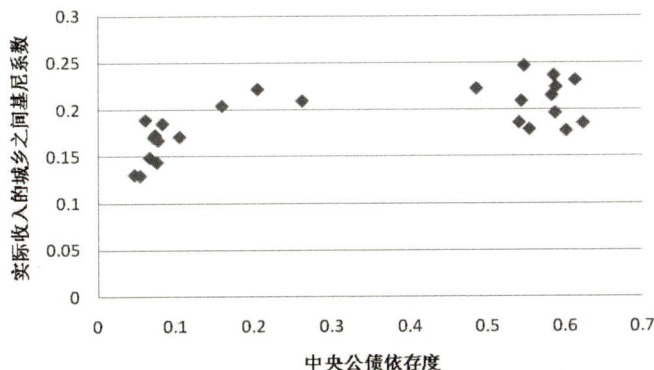

图 4.11　中央公债依存度与实际收入城乡之间基尼系数的关系

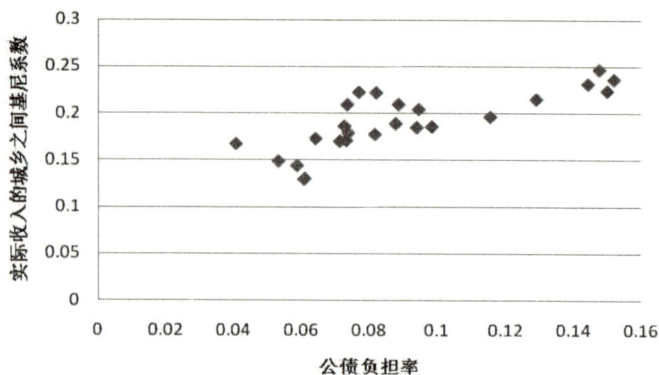

图 4.12　公债负担率与实际收入城乡之间基尼系数的关系

可以发现，上面三幅图与前面三部分中相应的图形形状相似，因此以实际收入的城乡之间基尼系数为被解释变量，依然适用模型（1）和模型（2）。

下表反映了包括被解释变量在内的所有变量的统计特征。

表 4.22　变量统计特征

变量	观测数	最大值	最小值	均值	方差
GINI	25	0.2469	0.1291	0.1900	0.032340
DDR	25	0.2480	0.0197	0.1240	0.091800
CDDR	25	0.6230	0.0480	0.3280	0.244000
DBR	25	0.1520	0.0410	0.0898	0.032000
RPGDP	25	3355.4670	447.5111	1471.4540	861.050000
GRRGDP	25	0.1518	0.0383	0.0984	0.029100
UE	25	4.3000	1.8000	2.9080	0.769000
EO	25	0.6390	0.1440	0.3290	0.128000
AS	25	0.3310	0.1260	0.2180	0.068000
APS	25	0.7980	0.5700	0.7010	0.067000
ALS	25	0.6810	0.4480	0.5610	0.069000
PFL	25	0.1740	0.1100	0.1350	0.240000
HR	25	23.4600	1.4000	7.0200	4.990000
MR	25	211.7000	109.2600	138.3200	29.880000
PR	25	207.4200	154.4500	175.4000	15.860000
FC	25	0.4230	0.2590	0.3270	0.044000
RG	25	0.0079	0.0055	0.0064	0.000757
HG	25	0.2010	0.0935	0.1270	0.034700

从上表可以看出，1981—2005 年，实际收入城乡之间基尼系数的均值为 0.19，最小时为 0.1291（1983），最大时为 0.2469（2005）。

表 4.23 变量相关系数

	GINI	DDR	CDDR	DBR	RPGDP	RPGDP²	GRRGDP	INF	UE	EO
GINI	1.00	0.58	0.65	0.79	0.77	0.72	-0.03	0.71	0.63	0.88
DDR	0.58	1.00	—	—	0.85	0.74	-0.08	0.96	0.68	0.70
CDDR	0.65	—	1.00	—	0.88	0.78	-0.05	0.98	0.69	0.77
DBR	0.79	—	—	1.00	0.90	0.90	-0.12	0.72	0.69	0.87
RPGDP	0.77	0.85	0.88	0.90	1.00	0.98	-0.06	0.91	0.79	0.92
RPGDP²	0.72	0.74	0.78	0.90	0.98	1.00	-0.06	0.81	0.82	0.90
GRRGDP	-0.00	-0.10	-0.00	-0.10	-0.10	-0.1	1.00	-0.10	-0.3	0.05
INF	0.71	0.96	0.98	0.72	0.91	0.81	-0.11	1.00	0.69	0.82
UE	0.63	0.68	0.69	0.69	0.79	0.82	-0.33	0.69	1.00	0.66
EO	0.88	0.70	0.77	0.87	0.92	0.90	0.052	0.82	0.66	1.00
AS	-0.80	-0.90	-0.90	-0.80	-0.90	-0.80	0.031	-0.90	-0.70	-0.90
APS	-0.80	-0.80	-0.90	-0.90	-1.00	-1.00	0.081	-0.90	-0.70	-0.90
ALS	-0.70	-0.90	-0.90	-0.80	-0.90	-0.80	0.024	-1.00	-0.60	-0.90
PFL	0.43	0.80	0.79	0.74	0.88	0.88	-0.2	0.79	0.78	0.66
HR	0.70	0.56	0.62	0.85	0.89	0.95	-0.02	0.68	0.73	0.90
MR	0.56	0.57	0.59	0.77	0.82	0.90	-0.25	0.60	0.90	0.70
PR	-0.60	-0.30	-0.30	-0.30	-0.40	-0.30	-0.14	-0.50	-0.10	-0.60
FC	0.73	0.71	0.76	0.71	0.86	0.85	0.334	0.76	0.63	0.86
RG	0.71	0.86	0.89	0.89	0.99	0.96	-0.13	0.92	0.79	0.87
HG	0.75	0.76	0.80	0.94	0.98	0.98	-0.09	0.83	0.82	0.89
	AS	APS	ALS	PFL	HR	MR	PR	FC	RG	HG
GINI	-0.84	-0.77	-0.75	0.43	0.70	0.56	-0.59	0.73	0.71	0.75
DDR	-0.88	-0.83	-0.89	0.80	0.56	0.57	-0.28	0.71	0.86	0.76
CDDR	-0.91	-0.87	-0.93	0.79	0.62	0.59	-0.35	0.76	0.89	0.80
DBR	-0.83	-0.93	-0.77	0.74	0.85	0.77	-0.31	0.71	0.89	0.94
RPGDP	-0.94	-0.99	-0.93	0.88	0.89	0.82	-0.36	0.86	0.99	0.98
RPGDP²	-0.85	-0.96	-0.84	0.88	0.95	0.90	-0.28	0.85	0.96	0.98
GRRGDP	0.031	0.081	0.024	-0.20	-0.00	-0.30	-0.14	0.33	-0.10	-0.10
INF	-0.95	-0.91	-0.97	0.79	0.68	0.60	-0.48	0.76	0.92	0.83
UE	-0.66	-0.75	-0.60	0.78	0.73	0.90	-0.06	0.63	0.79	0.82
EO	-0.89	-0.91	-0.88	0.66	0.9	0.70	-0.57	0.86	0.87	0.89
AS	1.00	0.95	0.969	-0.80	-0.7	-0.60	0.492	-0.80	-0.90	-0.90
APS	0.95	1.00	0.933	-0.90	-0.9	-0.80	0.365	-0.80	-1.00	-1.00
ALS	0.969	0.933	1.00	-0.80	-0.7	-0.60	0.543	-0.80	-0.90	-0.80
PFL	-0.75	-0.87	-0.77	1.00	0.74	0.84	-0.02	0.67	0.92	0.87
HR	-0.73	-0.86	-0.75	0.74	1.00	0.85	-0.39	0.80	0.85	0.90
MR	-0.64	-0.79	-0.6	0.84	0.85	1.00	0.024	0.68	0.82	0.88
PR	0.492	0.365	0.543	-0.00	-0.4	0.02	1.00	-0.40	-0.30	-0.20
FC	-0.83	-0.83	-0.82	0.67	0.8	0.68	-0.40	1.00	0.81	0.82
RG	-0.93	-0.99	-0.92	0.92	0.85	0.82	-0.31	0.81	1.00	0.97
HG	-0.88	-0.97	-0.85	0.87	0.9	0.88	-0.25	0.82	0.97	1.00

从上表可看出，实际收入的城乡之间基尼系数与公债三个指标之间的正相关关系也比较显著。

表 4.24　变量单位根检验结果

	被解释变量	解释变量	ADF 检验结果	T 边界值
GINI	$D(GINI, 2)$	$D(GINI(-1))$ $D(GINI(-1), 2)$	-2.827800	1%: -2.6756 5%: -1.9574 10%: -1.6238
DDR	$D(DDR, 2)$	$D(DDR(-1))$ $D(DDR(-1), 2)$	-2.542795	同上
DDR^2	$D(DDR^2, 2)$	$D(DDR^2(-1))$ $D(DDR^2(-1), 2)$	-2.328658	同上
CDDR	$D(CDDR, 2)$	$D(CDDR(-1))$ $D(CDDR(-1), 2)$	-2.639454	同上
$CDDR^2$	$D(CDDR^2, 2)$	$D(CDDR^2(-1))$ $D(CDDR^2(-1), 2)$	-2.714523	同上
DBR	$D(DBR, 2)$	$D(DBR(-1))$ $D(DBR(-1), 2)$	-2.080046	同上
DBR^2	$D(DBR^2, 2)$	$D(DBR^2(-1))$ $D(DBR^2(-1), 2)$	-2.044881	同上

从上表可看出，实际收入的城乡之间基尼系数、公债的三个指标及其平方这七个变量都是一阶单整的非稳定变量。

表 4.25　变量协整检验结果

待检验的变量	被解释变量	解释变量	残差 ADF 检验值	T 边界值
GINI、DDR	GINI	DDR	-1.7177	1%: -2.6700 5%: -1.9566 10%: -1.6235
GINI、DDR、DDR^2	GINI	DDR、DDR^2	-1.9280	同上
GINI、CDDR	GINI	CDDR	-1.7700	同上
GINI、CDDR、$CDDR^2$	GINI	CDDR、$CDDR^2$	-1.6784	同上
GINI、DBR	GINI	DBR	-2.6460	同上
GINI、DBR、DBR^2	GINI	DBR、DBR^2	-2.9070	同上

对六组变量的残差进行 ADF 检验时，使用的被解释变量与解释变量，与表 4.4 相同。从上表可看出，在 10% 的显著性水平下，六组变量之间都是协整的，因此，可以直接用原单位进行回归分析。

表 4.26

	回归模型（1）			回归模型（2）		
	方程 1	方程 2	方程 3	方程 4	方程 5	方程 6
C	−0.03 (−1.24)	0.21 (2.12)	−0.03 (−0.17)	−0.01 (−0.42)	0.22 (3.02)	−0.26 (−1.4)
DDR	−0.34 (−4.3)	−0.2 (−2.7)	−0.01 (−0.13)	−0.02 (−0.065)	0.6 (3.02)	0.54 (2.47)
DDR^2	—	—	—	−1.21 (−1.05)	−2.85 (−4.15)	−2.36 (−2.64)
RPGDP	0.0001 (4.38)	—	—	0.0001 (4.49)	—	—
$RPGDP^2$	−3.38E−08 (−5.76)	—	—	−3.20E−08 (−5.26)	—	—
GRRGDP	0.11 (1.28)	—	—	0.029 (0.26)	—	—
UE	0.03 (5.2)	—	—	0.026 (3.34)	—	—
EO	0.25 (5.36)	—	—	0.19 (2.69)	—	—
AS	—	−1.01 (−4.87)	—	—	−0.79 (−4.8)	—
APS	—	0.09 (0.61)	—	—	−0.05 (−0.45)	—
ALS	—	0.30 (1.58)	—	—	0.3 (2.16)	—
PFL	—	—	−2.14 (−3.89)	—	—	−2.26 (−4.8)
HR	—	—	−0.003 (−1.7)	—	—	−0.003 (−1.92)
MR	—	—	0.0006 (2.6)	—	—	0.0006 (2.62)
PR	—	—	−0.0004 (−0.998)	—	—	4.63E−05 (0.12)
FC	—	—	0.07 (0.66)	—	—	−0.003 (−0.03)
RG	—	—	69.97 (1.77)	—	—	108.3 (2.96)
HG	—	—	0.33 (0.6)	—	—	−0.15 (−0.29)
调整 R^2	0.91	0.80	0.88	0.91	0.89	0.91
F 值	42.40	25.12	22.28	36.72	39.81	27.96
D—W 值	1.92	0.92	2.26	1.89	1.67	2.73
观测数	25	25	25	25	25	25

上表中，方程1—3表示在回归模型（1）下，以实际收入的城乡之间基尼

系数为被解释变量，公债依存度分别与三组控制变量结合共同形成解释变量，进行回归得到的结果；方程 4—6 表示在回归模型（2）下，以实际收入的城乡之间基尼系数为被解释变量，公债依存度及其平方分别与三组控制变量结合共同形成解释变量，进行回归得到的结果。

从上表可看出，模型（1）下三个方程公债依存度的系数回归结果都为负，且方程 1 和方程 2 是显著的，但方程 2 的 D-W 统计值较小，不能说明方程 2 不存在序列相关问题；模型（2）下的三个方程公债依存度平方的系数回归结果都为负，且除方程 4 外，其余两个方程的回归结果都是显著的。结合散点图和变量相关系数表提供的信息，可以说，模型（2）更有解释力。实际收入的城乡之间基尼系数与公债依存度之间呈倒 U 型曲线关系，我国目前可能正处于其左半段上。

表 4.27

	回归模型（1）			回归模型（2）		
	方程 1	方程 2	方程 3	方程 4	方程 5	方程 6
C	-0.05 (-1.48)	0.19 (1.75)	-0.007 (-0.04)	-0.02 (-0.56)	0.28 (3)	-0.10 (-0.69)
CDDR	-0.14 (-3.85)	-0.06 (-1.85)	0.002 (0.08)	0.05 (0.36)	0.34 (2.68)	0.30 (2.90)
CDDR^2	—	—	—	-0.26 (-1.41)	-0.56 (-3.27)	-0.46 (-2.96)
RPGDP	0.0001 (3.95)			0.0001 (3.6)	—	—
RPGDP^2	-3.43E-08 (-5.22)			-2.86E-08 (-3.78)	—	—
GRRGDP	0.13 (1.43)			0.04 (0.40)		
UE	0.03 (4.90)			0.03 (3.70)		
EO	0.30 (6.53)			0.23 (3.38)		
AS	—	-1.01 (-4.48)	—	—	-0.57 (-2.5)	—
APS	—	0.08 (0.54)			-0.25 (-1.56)	
ALS	—	0.32 (1.55)			0.34 (1.98)	
PFL	—	—	-2.12 (-3.83)	—	—	-1.88 (-4.09)

续表

	回归模型（1）			回归模型（2）		
	方程 1	方程 2	方程 3	方程 4	方程 5	方程 6
HR	—	—	-0.003 (-1.64)	—	—	-0.002 (-1.38)
MR	—	—	0.0006 (2.6)	—	—	0.0005 (2.6)
PR	—	—	-0.0004 (-1.05)	—	—	-4.68E-06 (-0.01)
FC	—	—	0.06 (0.56)	—	—	-0.04 (-0.41)
RG	—	—	65.16 (1.7)	—	—	67.84 (2.15)
HG	—	—	0.37 (0.7)	—	—	0.35 (0.8)
调整 R^2	0.9	0.77	0.88	0.91	0.84	0.92
F 值	37.73	20.83	22.26	34.4	26.88	30.34
D-W 值	1.98	0.81	2.28	1.92	1.43	2.74
观测数	25	25	25	25	25	25

上表中，方程 1—3 表示在回归模型（1）下，以实际收入的城乡之间基尼系数为被解释变量，中央公债依存度分别与三组控制变量结合共同形成解释变量，进行回归得到的结果；方程 4—6 表示在回归模型（2）下，以实际收入的城乡之间基尼系数为被解释变量，中央公债依存度及其平方分别与三组控制变量结合共同形成解释变量，进行回归得到的结果。

较之表 4.26，表 4.27 中模型（1）的解释力进一步降低。表 4.27 中，只有方程 1 中中央公债依存度系数回归结果强显著，方程 2 中的结果弱显著，而且方程 1、2 的结果与方程 3 的结果符号相反，尽管方程 3 中的结果并不显著。相比之下，模型（2）的解释力则没有降低。因此可以说，以中央公债依存度作为公债指标时，模型（2）的解释力更强。实际收入的城乡之间基尼系数与中央公债依存度之间呈倒 U 型曲线关系，我国目前可能正处于其左半段上。

表 4.28

	回归模型（1）			回归模型（2）		
	方程 1	方程 2	方程 3	方程 4	方程 5	方程 6
C	0.0007 (0.02)	−0.31 (−1.95)	−0.002 (−0.01)	−0.08 (−1.21)	−0.57 (−3.78)	−0.003 (−0.02)
DBR	0.51 (2.8)	1.05 (2.88)	0.17 (0.54)	2.12 (1.75)	−0.85 (−1.33)	0.10 (0.09)
DBR^2	—	—	—	−8.2 (−1.3)	12.94 (3.37)	0.40 (0.07)
RPGDP	9.35E−06 (0.68)	—	—	−1.59E−05 (−0.69)	—	—
RPGDP^2	−1.60E−08 (−4)	—	—	−9.22E−09 (−1.44)	—	—
GRRGDP	0.07 (0.76)	—	—	0.15 (1.37)	—	—
UE	0.02 (3.57)	—	—	0.03 (3.43)	—	—
EO	0.31 (6)	—	—	0.29 (5.65)	—	—
AS	—	−0.76 (−3.56)	—	—	−0.82 (−4.75)	—
APS	—	0.82 (2.75)	—	—	1.69 (4.78)	—
ALS	—	−0.004 (−0.02)	—	—	−0.51 (−2.06)	—
PFL	—	—	−1.96 (−3.2)	—	—	−1.97 (−2.89)
HR	—	—	−0.003 (−1.85)	—	—	−0.003 (−1.78)
MR	—	—	0.0007 (2.66)	—	—	0.0007 (2.07)
PR	—	—	−0.0005 (−1.16)	—	—	−0.0005 (−1.1)
FC	—	—	0.11 (0.86)	—	—	0.11 (0.8)
RG	—	—	61.01 (1.82)	—	—	62.64 (1.48)
HG	—	—	0.18 (0.3)	—	—	0.16 (0.22)
调整 R^2	0.88	0.81	0.88	0.88	0.87	0.87
F 值	29.08	26.23	22.69	26.27	34.16	18.91
D-W 值	2.00	0.76	2.20	2.00	1.23	2.2
观测数	25	25	25	25	25	25

　　上表中，方程 1—3 表示在回归模型（1）下，以实际收入的城乡之间基尼系数为被解释变量，公债负担率分别与三组控制变量结合共同形成解释变量，进行回归得到的结果；方程 4—6 表示在回归模型（2）下，以实际收入的城乡之间基尼系数为被解释变量，公债负担率及其平方分别与三组控制变量结合共同形成解释变量，进行回归得到的结果。

　　可以看出，模型（1）下，方程 1 和方程 2 中公债负担率系数回归结果都显著为正；而模型（2）下，只有方程 5 中公债负担率平方的系数回归结果显著为正，且与方程 4 中的系数回归结果符号相反。进一步结合散点图、变量相关系数表提供的初步信息，可以说，选择模型（1）应该是更可靠的。在这种情况下，实际收入的城乡之间基尼系数与公债负担率之间呈正的线性关系。

　　综合表 4.26、4.27 和 4.28 的回归结果可以说，1981—2005 年，我国公债流量和公债存量都对实际收入的城乡之间基尼系数有正的影响。公债流量和存量的规模越大，实际收入的城乡之间基尼系数越大，城乡之间实际收入的分配越不公平。不过，二者与收入分配的关系不尽相同。以公债依存度和中央公债依存度为指标的公债流量，与收入分配之间呈倒 U 型曲线关系，我国目前可能正处于其左半段上；而以公债负担率为指标的公债存量，则与收入分配呈正的线性关系。

第五章

我国公债利息支付的收入分配效应研究

对于政府而言，债务会产生利息支出。如果政府通过税收为债务利息融资，那么就意味着收入会从纳税人手里转移到国债持有者手里。对于大多数国债持有者而言，他可能既缴纳税收，又持有国债并从中获取利息。然而，对于某个人或某个收入阶层而言，他得到的国债利息收入与他为国债利息融资而缴纳的税收恰好相等的情况，却不一定总会发生。那就意味着，政府债务的利息支出会对社会各阶层间的收入分配产生影响。

这种影响到底是什么样的？一些学者认为，政府债务的利息支出是有利于高收入阶层的（比如，Philip E. Taylor 1948）；而另一些学者则认为，政府债务利息支出有利于低收入阶层（比如，Jacob Cohen 1951）。本章将对这一问题进行考察。笔者首先通过一个简单模型，探讨哪些因素决定了公债利息支出的收入分配效应。然后，以 2002 年为例，对我国国债利息支出的收入分配效应进行实际考察，并对 2003—2006 年的情况做出分析。最后，笔者运用模型得到的结论，对考察的结果进行了简单的解释和说明。

第一节 模 型

假设社会中有一个典型的富人，一个典型的穷人，其余是中产人士。富人持有的公债份额为 π_r，穷人持有的公债份额为 π_p；富人面对的税率是 τ_r，穷人面对的税率是 τ_p；富人的收入为 I_r，穷人的收入为 I_p。设公债数额为 D，公债利息率为 i，公债利息支出占全部税收的比重为 λ，则富人从公债利息支出中得到的净收入为 $D \cdot i \cdot \pi_r - \lambda \cdot I_r \cdot \tau_r$，穷人从公债利息支出中得到的净收入为 $D \cdot i \cdot \pi_p - \lambda \cdot I_p \cdot \tau_p$。则富人与穷人得到的公债利息净收入之比为

$$\frac{D \cdot i \cdot \pi r - \lambda \cdot Ir \cdot \tau r}{D \cdot i \cdot \pi p - \lambda \cdot Ip \cdot \tau p}$$

从以上式子我们可以看出，富人与穷人的公债利息净收入之比是九个变量的函数，这九个变量分别是：公债总额 D，公债利率 i，公债利息支出占全部税收的比重 λ，富人的公债持有份额 π_r，富人的税率 τ_r，富人的收入额 I_r，穷人的公债持有份额 π_p，穷人的税率 τ_p 和穷人的收入额 I_p。因此，此式可表示为函数：

$$f(\cdot) = \frac{D \cdot i \cdot \pi r - \lambda \cdot Ir \cdot \tau r}{D \cdot i \cdot \pi p - \lambda \cdot Ip \cdot \tau p}$$

该函数可作为由公债利息支付直接带来的社会收入分配差距的一个度量（注意：这里将收入分配差距限定为由公债利息支付带来的，而且是直接带来的。因为富人和穷人间的收入分配差距除了受公债利息净收入影响外，还受其他收入来源的影响，单纯的公债利息净收入并不能决定社会收入分配差距；同

时，公债利息支付除了直接导致收入的转移外，还会通过对其他中间变量的影响，而对收入分配差距产生间接的作用。因此，此处只讨论由公债利息支付直接带来的社会收入分配差距。）f 上升，说明富人相对于穷人得到了更多的公债利息净收入，那么由公债利息支付直接带来的社会收入分配差距在拉大；反之，f 下降，则说明由公债利息支付直接带来的社会收入分配差距在缩小。

下面我们分别研究各个变量对函数增减性的影响。为方便起见，我们暂时假设富人和穷人都能得到正的公债净利息收入，即 $D \cdot i \cdot \pi_r - \lambda \cdot I_r \cdot \tau_r > 0$，$D \cdot i \cdot \pi_p - \lambda \cdot I_p \cdot \tau_p > 0$。我们可以发现，函数中的九个变量可以分为三大类：属于富人的三个特征变量，即富人持有的公债份额 π_r，富人的收入 I_r 和富人面对的税率 τ_r；属于穷人的三个特征变量，即穷人持有的公债份额 π_p，穷人的收入 I_p 和穷人面对的税率 τ_p；属于"公共"的三个特征变量，即公债数额 D，公债利息率 i，以及利息支出占全部税收的比重 λ。我们将分类研究各个变量对函数增减性的影响。在研究某个变量时，假定其他变量不变。

$$\frac{\partial f}{\partial \pi r} = \frac{D \cdot i \cdot [D \cdot i \cdot \pi p - \lambda \cdot I p \cdot \tau p]}{[D \cdot i \cdot \pi p - \lambda \cdot I p \cdot \tau p]^2} = \frac{D \cdot i}{D \cdot i \cdot \pi p - \lambda \cdot I p \cdot \tau p} > 0 \qquad \text{式 5.1}$$

$$\frac{\partial f}{\partial I r} = \frac{-\lambda \cdot \tau r \cdot [D \cdot i \cdot \pi p - \lambda \cdot I p \cdot \tau p]}{[D \cdot i \cdot \pi p - \lambda \cdot I p \cdot \tau p]^2} = \frac{-\lambda \cdot \tau r}{D \cdot i \cdot \pi p - \lambda \cdot I p \cdot \tau p} < 0 \qquad \text{式 5.2}$$

$$\frac{\partial f}{\partial \tau r} = \frac{-\lambda \cdot I r \cdot [D \cdot i \cdot \pi p - \lambda \cdot I p \cdot \tau p]}{[D \cdot i \cdot \pi p - \lambda \cdot I p \cdot \tau p]^2} = \frac{-\lambda \cdot I r}{D \cdot i \cdot \pi p - \lambda \cdot I p \cdot \tau p} < 0 \qquad \text{式 5.3}$$

式 5.1、式 5.2、式 5.3 式分别表示属于富人的三个特征变量对函数的影响。以上结果说明，f 是 π_r 的增函数，是 I_r、τ_r 的减函数。也就是说，在保持其他条件不变的情况下，随着富人拥有的公债份额的上升，富人和穷人公债利息净收入之比会上升，收入差距会扩大；而随着富人其他收入的上升以及富人面对的税率的上升，富人与穷人公债利息净收入之比会下降，收入差距会缩小。

$$\frac{\partial f}{\partial \pi p} = \frac{-D \cdot i \cdot [D \cdot i \cdot \pi r - \lambda \cdot Ir \cdot \tau r]}{[D \cdot i \cdot \pi p - \lambda \cdot Ip \cdot \tau p]^2} < 0 \qquad \text{式 } 5.4$$

$$\frac{\partial f}{\partial Ip} = \frac{-[-\lambda \cdot \tau p \cdot (D \cdot i \cdot \pi r - \lambda \cdot Ir \cdot \tau r)]}{[D \cdot i \cdot \pi p - \lambda \cdot Ip \cdot \tau p]^2} = \frac{\lambda \cdot \tau p \cdot [D \cdot i \cdot \pi r - \lambda \cdot Ir \cdot \tau r]}{[D \cdot i \cdot \pi p - \lambda \cdot Ip \cdot \tau p]^2} > 0 \text{ 式 } 5.5$$

$$\frac{\partial f}{\partial \tau p} = \frac{-[-\lambda \cdot Ip \cdot (D \cdot i \cdot \pi r - \lambda \cdot Ir \cdot \tau r)]}{[D \cdot i \cdot \pi p - \lambda \cdot Ip \cdot \tau p]^2} = \frac{\lambda \cdot Ip \cdot [D \cdot i \cdot \pi r - \lambda \cdot Ir \cdot \tau r]}{[D \cdot i \cdot \pi p - \lambda \cdot Ip \cdot \tau p]^2} > 0 \text{式 } 5.6$$

式 5.4、式 5.5、式 5.6 分别表示属于穷人的三个特征变量对函数的影响。从上面三个式子可以看出，f 是 π_p 的减函数，是 I_p、τ_p 的增函数。也就是说，在保持其他条件不变的情况下，随着穷人拥有的公债份额的上升，富人和穷人公债利息净收入之比会下降，收入差距会缩小；而随着穷人其他收入的上升以及穷人面对的税率的上升，富人与穷人公债利息净收入之比会上升，收入差距会扩大。

$$\frac{\partial f}{\partial D} = \frac{i \cdot \pi r \cdot [D \cdot i \cdot \pi p - \lambda \cdot Ip \cdot \tau p] - i \cdot \pi p \cdot [D \cdot i \cdot \pi r - \lambda \cdot Ir \cdot \tau r]}{[D \cdot i \cdot \pi p - \lambda \cdot Ip \cdot \tau p]^2} = \frac{i \cdot \lambda [\pi p \cdot Ir \cdot \tau r - \pi r \cdot Ip \cdot \tau p]}{[D \cdot i \cdot \pi p - \lambda \cdot Ip \cdot \tau p]^2} > 0 \quad \text{式 } 5.7$$

从上式可以看出，该式是大于 0 还是小于 0，取决于 $\pi_p \cdot I_r \cdot \tau_r - \pi_r \cdot I_p \cdot \tau_p$ 的符号。如果我们假设 $I_r \cdot \tau_r$ 大于 $I_p \cdot \tau_p$，即富人缴纳的绝对税收额要大于穷人，那么我们可以看到，当 π_p 大于 π_r 时，上式的符号是正的。也就是说，如果富人缴纳的绝对税收额大于穷人，而穷人持有的国债份额大于富人时，那么随着国债规模的上升，富人与穷人的公债利息净收入比是上升的，即收入差距是拉大的。

乍一看，这个结论有些让人不解。穷人占有的国债份额大，缴纳的税收比富人少，那么随着国债规模的上升，穷人应该得到更多的收入才是，为什么收入差距反而会拉大呢？

仔细观察式子 $\dfrac{D \cdot i \cdot \pi r - \lambda \cdot Ir \cdot \tau r}{D \cdot i \cdot \pi p - \lambda \cdot Ip \cdot \tau p}$，我们会发现，当 $I_r \cdot \tau_r$ 大于 $I_p \cdot \tau_p$，同时 π_p 大于 π_r 时，该式的分子大于分母，是个真分数。不管 D 即国债规模上升到

何种程度，该式的分母始终大于分子，即穷人得到的净利息收入永远大于富人。因此，随着 D 即国债规模的上升，穷人确实得到了更多的净利息收入，这是无可否认的。但我们应该看到另一方面，随着 D 的上升，分子上升的速度要快于分母。假设 D 由 D1 上升到 D2，则分子增长的速度是：$\dfrac{(D2-D1)\cdot i\cdot\pi r}{D1\cdot i\cdot\pi r-\lambda\cdot Ir\cdot\tau r}$；

分母增长的速度是 $\dfrac{(D2-D1)\cdot i\cdot\pi p}{D1\cdot i\cdot\pi p-\lambda\cdot Ip\cdot\tau p}$。

二者相减得

$$\frac{(D2-D1)\cdot i\cdot\pi r}{D1\cdot i\cdot\pi r-\lambda\cdot Ir\cdot\tau r}-\frac{(D2-D1)\cdot i\cdot\pi p}{D1\cdot i\cdot\pi p-\lambda\cdot Ip\cdot\tau p}=\frac{(D2-D1)\cdot i\cdot\lambda\cdot[\pi p\cdot Ir\cdot\tau r-\pi r\cdot Ip\cdot\tau p]}{[D1\cdot i\cdot\pi r-\lambda\cdot Ir\cdot\tau r][D1\cdot i\cdot\pi p-\lambda\cdot Ip\cdot\tau p]}$$

从以上假设可知，$\pi_p\cdot I_r\cdot\tau_r-\pi_r\cdot I_p\cdot\tau_p$ 大于 0，所以 $\frac{(D2-D1)\cdot i\cdot\pi r}{D1\cdot i\cdot\pi r-\lambda\cdot Ir\cdot\tau r}-\frac{(D2-D1)\cdot i\cdot\pi p}{D1\cdot i\cdot\pi p-\lambda\cdot Ip\cdot\tau p}$ 也大于 0，因此分子增长速度快于分母增长速度，即富人得到的净利息收入增长的速度要快于穷人，二者的净利息收入会逐渐趋近。

当 π_p 小于 π_r 时，上式的符号是不确定的，即当穷人缴纳的税额小于富人，但拥有的国债份额也小于富人时，随着国债规模上升，富人与穷人的净利息收入差距是在拉大还是在缩小，是不确定的。但当 π_p 足够小于 π_r，以致 $\pi_p\cdot I_r\cdot\tau_r-\pi_r\cdot I_p\cdot\tau_p$ 小于 0 时，随着国债规模的上升，f 是下降的，即富人和穷人的净利息收入差距在缩小。参照上面的讨论，这个结论也不难理解。当 π_p 足够小时，f 是个假分数，即富人得到的净利息收入的绝对额大于穷人。不管国债规模怎么变动，穷人得到的净利息收入绝对额始终会低于富人。但随着国债规模的扩大，穷人净利息收入增长的速度会快于富人，所以导致 f 会下降。

$$\frac{\partial f}{\partial i}=\frac{D\cdot\pi r\cdot[D\cdot i\cdot\pi p-\lambda\cdot Ip\cdot\tau p]-D\cdot\pi p\cdot[D\cdot i\cdot\pi r-\lambda\cdot Ir\cdot\tau r]}{[D\cdot i\cdot\pi p-\lambda\cdot Ip\cdot\tau p]^2}=\frac{D\cdot\lambda[\pi p\cdot Ir\cdot\tau r-\pi r\cdot Ip\cdot\tau p]}{[D\cdot i\cdot\pi p-\lambda\cdot Ip\cdot\tau p]^2} \quad 式5.8$$

从上式可以看出，f 对国债利息率 i 变动的反应，与对国债规模 D 变动的反应应该完全相同。当 i 上升时，f 是上升还是下降，取决于穷人拥有的国债份额 π_p 和富人拥有的国债份额 π_r 之间的相对大小。当前者大于后者时，不管国债利息率怎样变动，穷人得到的净利息收入绝对额始终大于富人；但随着国债利息率的上升，富人净利息收入的增长速度要快于穷人，f 会上升。当前者小于后者时，i 对 f 的影响是不能确定的；而当前者足够小时，不管国债利息率如何变动，穷人得到的净利息收入绝对额始终小于富人；但随着国债利息率的上升，穷人净利息收入的增长速度要快于富人，f 会下降。

$$\frac{\partial f}{\partial \lambda}=\frac{-Ir\cdot\tau r\cdot[D\cdot i\cdot\pi p-\lambda\cdot Ip\cdot\tau p]+Ip\cdot\tau p\cdot[D\cdot i\cdot\pi r-\lambda\cdot Ir\cdot tr]}{[D\cdot i\cdot\pi p-\lambda\cdot Ip\cdot\tau p]^2}=\frac{D\cdot i[\pi r\cdot Ip\cdot\tau p-\pi p\cdot Ir\cdot\tau r]}{[D\cdot i\cdot\pi p-\lambda\cdot Ip\cdot\tau p]^2}$$ 式 5.9

从上式可以看出，f 对公债利息支出占全部税收的比重 λ 变动的反应同样取决于 π_p 和 π_r 之间的相对大小，但其反应的方向则与 f 对 D、i 变动的反应的方向正好相反。当前者大于后者时，不管 λ 怎样变动，穷人得到的净利息收入绝对额始终大于富人；且随着 λ 的上升，穷人得到的净利息收入的增长速度会快于富人，因此 f 会下降。当前者小于后者时，λ 对 f 的影响是不能确定的；而当前者足够小时，不管 λ 如何变动，穷人得到的净利息收入绝对额始终小于富人；而且随着 λ 的上升，穷人净利息收入的增长速度要慢于富人，f 会上升。

综合式 5.1—式 5.9，我们可以看到，公债利息支付所直接带来的收入分配格局，取决于富人和穷人持有的国债份额的相对大小以及各自承担的税负的相对大小。因此，该收入分配格局是将税制结构和公债的债权人结构进行综合考量的结果。具体而言，当其他条件不变时，如果穷人持有的国债份额相对变大，或是所承担的税负相对变小，那么穷人的净利息收入相对于富人会上升；当穷人持有的国债份额足够大，并且承担的税负足够小时，穷人的净利息收入绝对额会超过富人。相反，如果富人持有的国债份额变大，或是所承担的税负相对变小，那么富人的净利息收入相对于穷人会上升；当富人持有的国债份额足够大，并且承担的税负足够小时，富人的净利息收入绝对额会超过穷人。

在这里，我们可以看到两个层面的收入分配：一个可以称之为绝对收入分配，该收入分配可以用穷人与富人的净利息收入之差 $(D\cdot i\cdot\pi_p-\lambda\cdot I_p\cdot\tau_p)-(D\cdot i\cdot\pi_r-\lambda\cdot I_r\cdot\tau_r)$ 来表示。如果穷人的净利息收入超过富人，那么我们便可以认为收入分配是更平等的。不管富人净利息收入的增长速度是否超过穷人，不管富人净利息收入的绝对额是否无限接近穷人，这种收入分配都可以令人满意。相反，如果富人的净利息收入超过穷人，那么我们便可以认为收入分配更不平等。绝对收入分配平等实现的条件必须是穷人持有的国债份额足够大，并且承担的税负份额足够小。另一个可以称之为相对收入分配，该收入分配可以用函数 f 来表示，如果 f 在增大，那么就可以认为富人相对于穷人净利息收入的增长速度要快，收入越来越不平等。相反，如果 f 在减小，那么可以认为富人相对于穷人净利息收入的增长速度要慢，收入越来越平等。相对收入分配实现的条件，只要穷人持有的国债份额相对上升，或者穷人所承担的税负的份额相对下降便可。

第二节　我国公债利息支出的收入分配效应

　　本部分，笔者将对我国国债利息支付对居民收入分配的影响进行实证研究。本章研究的收入分配是指个人或家庭的收入分配。而我国国债的持有者中，既有机构，也有个人。支付给机构持有者的国债利息，对于个人或家庭的收入分配会产生怎样的影响，是一个相对较为复杂的问题，这需要对持有国债的机构的收入分配制度进行具体的研究。因此，为简便起见，笔者在这里只考虑由个人投资者持有的那部分国债产生的利息支付，而不考虑由机构投资者持有的国债。以下提到的国债，均指由个人投资者持有的国债。

　　我国的财政统计数据从 2000 年开始，明确列出了国债付息支出的数字。但是，2000、2001 两年年末的国债余额中，个人投资者持有的份额为 0。因此，本文的研究从 2002 年开始。笔者以 2002 年为例，详细说明了研究的进路；尔后对 2002 年后 2003—2006 年公债利息支付的收入分配效应做分析。

　　在进行研究前，笔者遇到了几个困难：首先，国债余额在城镇和农村居民中的分布状况没有详细的统计数据；其次，国债余额在各收入阶层居民中的分布状况没有详细的统计数据；第三，各收入阶层居民所承担的实际税收没有详细的统计数据。笔者以为，不能把个人所得税作为居民承担的全部税收。因为我国的税制结构以间接税为主，间接税的纳税人和负税人是分离的，广大消费者是间接税的最后归宿，所以各收入阶层居民在平时的消费中，实际上承担了大量的税收，只是我国未实行价税分离，税收暗含在了价格中，没有明白显现给消费者而已。

　　为此，笔者作了几个假设：

　　1. 假设我国的国债余额全部被城镇居民持有。在我国，国债主要有凭证式国债和记账式国债两种。居民个人要购买凭证式国债，必须到各大银行的储蓄网点、或者邮政储蓄部门的储蓄网点办理购买手续。由于各大银行和邮政储蓄部门的基层网点主要设在城镇这一级，国债销售宣传主要在城镇，因此，凭证式国债主要在城镇居民手中持有，城镇居民的凭证式国债购买量占到了全部凭证式国债的 90%。而记账式国债，投资者要购买的话，必须在证券交易所拥有账户，并在证券经营机构开立账户才行，这一条件更非农村居民所能达到。因此，假设我国国债余额全部被城镇居民持有是合理的。

2. 假设城镇各收入阶层居民拥有的国债余额的比重，与各自的储蓄额在城镇总储蓄额中所占的比重是相等的[①]。对于我国大多数国债投资者而言，国债是作为一种储蓄工具存在的；而居民购买国债的资金也基本来源于储蓄存款。因此，假设各收入阶层居民持有的国债比重，与各自的全部储蓄资产在城镇总储蓄额中所占的比重相等，应该偏离不大。

3. 假设居民持有的国债债券的票面利率是相同的。我国不同期、不同品种的债券，票面利率不尽相同，但差别并不大。如果仔细辨析哪些阶层持有哪些时期、哪些品种的债券，既不必要，也不可能。因此，做这一简化的假设，应该也是合理的。

4. 假设每年到期的付息债券在各收入阶层居民中的分配方式与假设 2 中的相同。我国不同债券的付息方式不同，即使具体分析哪些阶层持有哪种付息方式的债券，对于笔者下面的分析帮助也不大，因此笔者做这一简化的假设。

假设 2、假设 3 与假设 4 结合起来，可以看出，国家每年支付的国债利息在各收入阶层中的分配比重，与各收入阶层的储蓄资产占城镇总储蓄资产的比重是相等的。

5. 假设居民个人承担的税赋，包括个人所得税和转嫁在消费品价格中的间接税，间接税完全由消费者承担[②]。按照税收归宿理论，间接税应该是由供给者和需求者共同承担的。但在现实中，我们很难画出供求曲线去精确分析税收的最后归宿。因此，笔者假定间接税完全由消费者承担，虽然从理论上讲不

[①]Jacob Cohen（1951）研究美国的联邦债务对收入分配的影响时，也做过类似的假定：他假定联邦电子债券（E-bond）在居民中的分配结构与除现金外的其他流动性资产相似。参见 Jacob Cohen(1951)，"Distributional Effects of the Federal Debt"，The Journal of Finance，Vol. 6, No. 3, pp. 267—275。

[②]刘怡、聂海峰（2004）曾使用广东省的样本数据，对间接税负担对收入分配的影响进行过测算。在测算时，也假设间接税完全由消费者负担。参见刘怡、聂海峰（2004）：《间接税负担对收入分配的影响分析》，载于《经济研究》，2004 年第 5 期，22—30 页。

尽合理，但也是无奈之举。不过，因为本文要研究的是公债利息支付给各收入阶层带来的相对收入分配格局，各阶层的收入分配是要进行比较的。因此，假定间接税完全由消费者承担，对于各阶层而言，都是相同的，也就满足了各阶层间的"相对公平"。

按照我国统计年鉴的惯例，城镇居民的消费结构中包含了八个项目：食品、衣着、家庭设备用品及服务、医疗保健、交通通信、教育文化娱乐服务、居住以及杂项商品与服务。根据我国各税种的法律法规，我们可以做出如下假设：（1）消费者在购买食品时，要负担增值税。不过，我们假设中等及中等以下的各收入阶层，食品消费主要指购买初级的未经加工的粮食等农产品，而中等以上各收入阶层，食品消费主要指购买经过加工的高级农产品。因此，我们可以假设中等及中等以下各收入阶层承担的增值税税率为13%，而中等以上各收入阶层承担的增值税税率为17%。（2）消费者在购买衣着时，要负担增值税，每个阶层面对的税率都是17%。（3）购买家庭设备用品及服务，我们可以假设各阶层都面临17%的增值税税率。（4）提供医疗服务免纳营业税，因此可以假设消费者购买医疗保健服务时不承担间接税。（5）提供交通通信服务要交纳营业税，税率为3%，因此可以假设各收入阶层都面临3%的税率。（6）文化体育产业和娱乐业要交纳营业税，但税率相差较大。文化体育业的税率为3%，而娱乐业则是5%—20%。我们可以假设，中等及中等以下各阶层只消费文化体育服务，不消费歌舞厅、保龄球等娱乐服务，那么他们面临的税率为3%；而中等以上各阶层既消费文化体育服务，也消费娱乐服务，我们可以将二者的税率结合起来，假设这些阶层面临的税率为15.5%。（7）有关居住一项消费到底指什么，统计资料中没有详细说明。从该项支出占整体支出的比重，以及我国城镇居民住房的实际情况来看，我们可以假设，中等及中等以下各阶层的居住支出主要指租赁房屋的租金，那么就要面临税率为12%的房产税；而中等以上各阶层一般会拥有属于自己的比较豪华的住宅，他们的居住支出，我们可以认为是为了保养、维修住宅而所购买的商品和服务，因此可以假设他们面临17%的增值税。（8）杂项商品和服务一项，统计资料没有详细说明其内容，而它在各阶层消费中所占的比重都很小，因此可以忽略不计。从以上对各消费项目税率的假设可以看出，笔者尽量将高收入阶层承担的税率假设得相对高些，而将低收入阶层承担的税率假设得相对低些。比如，高收入阶层也会购买原始农产品，这会降低他们面临的增值税率；而低收入阶层也会消费经过加工的高级农产品，也会消费一些娱乐服务，也会有自己的住宅并进行保养支出，这些，都会提高低收入阶层面临的税率。在这些假设的基础上，根据2002—2006年城镇居民各阶层的消费结构状况，笔者计算出了历年各阶层所面临的消费税率（2002年城镇居民各阶层面临的消费税率见表5.3）。

接下来的四张表说明了2002年城镇各收入阶层居民收入、消费和人口三方面的基本情况，各阶层居民得到的国债利息收入、付出的税收额及得到的国债利息净收入。

表5.1反映了2002年城镇各收入阶层居民收入、消费和人口三方面的基本情况。按照《中国统计年鉴》的解释，城镇家庭收入分组的方法，是将所有调查户依户人均可支配收入由低到高排队，按10%、10%、20%、20%、20%、10%、10%的比例依次分成：最低收入户、低收入户、中等偏下收入户、中等收入户、中等偏上收入户、高收入户、最高收入户等七组。表1中，前5列的数据，即各收入阶层的人均总收入、人均可支配收入、人均消费支出、调查户数、平均每户人口，都直接取自《中国统计年鉴2003》；而第6、7、8列的数据则是笔者计算而得。在计算第8列数据时，笔者作了一个假定：调查样本中各收入阶层人口的比重，等于各自在实际城镇人口总体中所占的比重。应该说，这个假定基本合理。

表5.1　2002年城镇各收入阶层居民的基本情况

	人均总收入（元）	人均可支配收入（元）	人均消费支出（元）	调查户数	平均每户人口	本阶层调查人口数	占调查总人口的比重	本阶层人口数
最低收入户(10%)	2527.68	2408.60	2387.91	4532	3.43	15544.76	0.112355940	56416164.52
低收入户(10%)	3833.01	3649.16	3259.59	4532	3.34	15136.88	0.109407825	54935857.00
中等偏下户(20%)	5209.18	4931.96	4205.97	9063	3.20	29001.6	0.209620607	105254699.10
中等收入户(20%)	7061.37	6656.81	5452.94	9063	3.04	27551.52	0.199139577	99991964.18
中等偏上户(20%)	9437.99	8869.51	6939.95	9063	2.91	26373.33	0.190623739	95715992.03
高收入户(10%)	12555.07	11772.82	8919.94	4532	2.78	12598.96	0.091063998	45725054.63
最高收入户(10%)	20208.43	18995.85	13040.69	4532	2.68	12145.76	0.087788315	44080268.49

数据来源：《中国统计年鉴2003》及笔者计算而得

表 5.2　2002 年城镇各收入阶层居民储蓄状况和国债利息收入状况

	人均储蓄额（元）	本阶层总储蓄额（亿元）	本阶层储蓄比重	本阶层的国债利息收入（元）
最低收入户(10%)	20.69	11.6725	0.001465	39542.85
低收入户(10%)	389.57	214.0136	0.026852	725012.30
中等偏下户(20%)	725.99	764.1386	0.095877	2588667.00
中等收入户(20%)	1203.87	1203.7730	0.151038	4078014.00
中等偏上户(20%)	1929.56	1846.8970	0.231730	6256721.00
高收入户(10%)	2852.88	1304.4810	0.163673	4419180.00
最高收入户(10%)	5955.16	2625.0510	0.329365	8892864.00

数据来源：《中国统计年鉴 2003》及笔者计算而得

　　表 5.2 反映了 2002 年城镇各收入阶层居民的储蓄状况和国债利息收入状况。其中，人均储蓄额是由表 5.2 中的人均可支配收入减去人均消费支出得到，背后暗含了个人收入不是用于消费便是用于储蓄的假设；各阶层的总储蓄额，是用人均储蓄额乘以表 5.1 中的最后一列——各阶层的实际人口数得到的。

　　2002 年，我国国债利息支出额为 614.38 亿元。2002 年年末，我国国债余额共 16310.35 亿元，其中个人投资者持有 7.16 亿元，约占 0.044%(中国债券信息网，www.chinabond.com.cn)。根据上面的假设，我们可以认为，2002 年，我国个人投资者得到的国债利息额为 0.27 亿元。据此，我们可以得到各阶层的国债利息收入。

表 5.3　2002 年城镇各收入阶层居民税收状况及国债净利息收入状况

	人均消费支出（元）	消费税率	人均消费税额（元）	人均所得税额（元）	人均税收总额（元）	本收入阶层总税收额（亿元）	本阶层税收额占总税额的比重	本阶层为国债利息融资而承担的税收额（元）	本阶层得到的净利息支出（元）
最低收入户(10%)	2387.91	8.98%	214.434	0.00	214.434	120.9756176	0.027081181	731191.89	−691649.0441
低收入户(10%)	3259.59	8.95%	291.733	0.00	291.733	160.2661913	0.035876633	968669.08	−243656.7776
中等偏下户(20%)	4205.97	8.87%	373.070	0.00	373.07	392.6732207	0.087902462	2373366.50	215300.5182
中等收入户(20%)	5452.94	8.72%	475.496	0.00	475.496	475.458158	0.106434411	2873729.10	1204284.914
中等偏上户(20%)	6939.95	11.62%	806.422	568.48	1374.9	1316.001271	0.29459547	7954077.70	−1697356.693
高收入户(10%)	8919.94	11.49%	1024.90	782.25	1807.15	826.3208305	0.184977309	4994387.30	−575207.340
最高收入户(10%)	13040.69	11.15%	1454.04	1212.58	2666.62	1175.451905	0.263132578	7104579.6	1788284.405

数据来源：《中国统计年鉴 2003》及笔者计算而得。

　　表 5.3 反映了城镇各收入阶层为国债利息融资而负担的税额以及最后得到的净利息收入。其中,人均所得税额是用人均总收入减去人均可支配收入得到的。按照《中国统计年鉴》的解释,可支配收入 = 家庭总收入 – 交纳所得税 – 个人交纳的社会保障支出 – 记账补贴。因此,人均总收入减去人均可支配收入,大致可视为个人缴纳的所得税支出,虽然肯定要多于个人缴纳的实际所得税。但是,从各收入阶层的实际收入状况来看,2007 年前中等及中等以下的阶层,其月收入是否达到了个人所得税的起征点,是不确定的。因此,笔者干脆假设中等及中等以下的阶层不纳个人所得税。这一假设,连同假设 5,都对低收入阶层承担的税赋作了压低性的保守估计,而对高收入阶层承担的税赋作了抬高性的估计。本阶层承担的总税收额,是用人均税收总额乘以表 5.1 中的本阶层人口数得到的。本阶层为国债利息融资而承担的税收额,则是用 2002 年个人投资者得到的国债利息支出额 0.27 亿元乘以各阶层税收额占总税额的比重得到的。在我国,国债利息支出是列入预算、主要通过税收收入来偿还的。我们可以假设,为偿还国债利息支出而课征的税收,完全由城镇居民承担,并且各阶层居民承担的比例,与他们各自的税额在总税额中占的比重是相同的。应该说,这个假设是合理的。

　　最后一列,本阶层得到的净利息支出,是通过表 5.2 中的本阶层国债利息收入减去表 5.3 中的本阶层为国债利息融资而承担的税收额得到的。

　　从最后一列可以看出,2002 年我国国债利息的支付,导致城镇居民中的最低收入户、低收入户、中等偏上户和高收入户发生了净损失,而中等偏下户、中等收入户和最高收入户则实现了净收益。换句话说,我国国债利息支付所导致的收入分配,对最低收入户、低收入户不利,而对中等偏下户、中等收入户有利;对中等偏上户和高收入户不利,而对最高收入户有利。因此可以说,我国国债利息支付导致的收入分配,在扩大收入分配的差距。如果结合表 5.4,这一状况会更清晰。

表 5.4　2002 年城镇各阶层居民人均国债净利息收入的状况

	本阶层得到的净利息收入（万元）	本阶层的总可支配收入（万元）	净利息收入/总可支配收入(%)
最低收入户(10%)	−69.16490	13588397	−0.0005
低收入户(10%)	−24.36570	20046973	−0.0001
中等偏下户(20%)	21.53005	51911197	4.1E−05
中等收入户(20%)	120.42850	66562751	0.00018
中等偏上户(20%)	−169.73600	84895395	−0.00020
高收入户(10%)	−57.52070	53831284	−0.00010
最高收入户(10%)	178.82840	83734217	0.00021

数据来源：笔者自己计算而得

从表 5.4 可看出，以净利息收入与总可支配收入之比来看，在受损的四个阶层中，最低收入户损失最严重，而高收入户损失最轻；在受益的四个阶层中，最高收入户最多，中等收入户次之，而中等偏下户则受益最少。表 5.4 进一步说明了，2002 年我国国债利息支付导致的收入分配对城镇低收入阶层不利，而对高收入阶层有利。

按照上面的研究进路，笔者分别计算出了 2002 年后 2003—2006 年国债利息支付的收入分配效应。接下来的四张表分别反映了 2003、2004、2005 和 2006 年各年城镇各收入阶层居民储蓄占城镇总储蓄的比重、为国债利息融资而承担的税收份额比重、各阶层得到的国债利息收入、为国债利息融资而付出的税收、各阶层得到的净利息收入以及该净利息收入在各阶层的总可支配收入中所占的比重。

表 5.5　2003 年国债利息支付对城镇各阶层居民收入分配的影响

	本阶层储蓄占城镇总储蓄的比重	本阶层税额占总税额的比重	本阶层的国债利息收入（元）	本阶层承担的税收额（元）	本阶层的国债利息净收入（元）	净利息收入/本阶层总可支配收入（%）
最低收入户(10%)	0.00166	0.025573363	119506.9	1841282.165	−1721775.265	−0.001130
低收入户(10%)	0.02456	0.034452062	1768328	2480548.472	−712220.4723	−0.000310
中等偏下户(20%)	0.091223	0.082773346	6568064	5959680.941	608383.0589	0.000103
中等收入户(20%)	0.153742	0.101346576	11069420	7296953.447	3772466.553	0.000490
中等偏上户(20%)	0.224436	0.295524572	16159401	21277769.16	−5118368.159	−0.000530
高收入户(10%)	0.168789	0.183624545	12152793	13220967.21	−1068174.206	−0.000170
最高收入户(10%)	0.33559	0.276705536	24162488	19922798.62	4239689.385	0.000430

数据来源：《中国统计年鉴 2004》及笔者自己计算而得

表5.6　2004 年国债利息支付对城镇各阶层居民收入分配的影响

	本阶层储蓄占城镇总储蓄的比重	本阶层税额占总税额的比重	本阶层的国债利息收入（元）	本阶层承担的税收额（元）	本阶层的国债利息净收入（元）	净利息收入/本阶层总可支配收入（%）
最低收入户(10%)	0.000367	0.024889901	514021.58	34895641	-34381619.42	-0.01959750
低收入户(10%)	0.023749	0.032595432	33295656	45698795.89	-12403140.21	-0.00474290
中等偏下户(20%)	0.086745	0.079386692	121616191	111300142	10316048.61	0.00151356
中等收入户(20%)	0.150170	0.095596171	210538886	134025831.3	76513055.03	0.00859910
中等偏上户(20%)	0.230985	0.287195675	323841426	402648336.6	-78806910.53	-0.00690040
高收入户(10%)	0.172679	0.186725218	242095982	261788755.3	-19692773.74	-0.00265700
最高收入户(10%)	0.335305	0.293610922	470097389	411642513	58454875.72	0.00484458

数据来源：《中国统计年鉴 2005》及笔者自己计算而得

表5.7　2005 年国债利息支付对城镇各阶层居民收入分配的影响

	本阶层储蓄占城镇总储蓄的比重	本阶层税额占总税额的比重	本阶层的国债利息收入(元)	本阶层承担的税收额（元）	本阶层的国债利息净收入（元）	净利息收入/本阶层总可支配收入（%）
最低收入户(10%)	0.001003404	0.02318684	250337.2	174.831781	-5534501.05	-0.002820
低收入户(10%)	0.024732588	0.031062839	6170484	234.2178376	-1579321.702	-0.000530
中等偏下户(20%)	0.092011993	0.076644935	22955888	577.9127591	3833896.506	0.000483
中等收入户(20%)	0.145330308	0.094401736	36258168	711.8013454	12706067.55	0.001226
中等偏上户(20%)	0.23218811	0.290258939	57928147	2188.590073	-14487974.9	-0.001080
高收入户(10%)	0.177504047	0.190561842	44285130	1436.861019	-3257763.005	-0.000370
最高收入户(10%)	0.327229549	0.293882869	81639846	2215.914976	8319596.598	0.000582

数据来源：《中国统计年鉴 2006》及笔者自己计算而得

表 5.8 2006 年国债利息支付对城镇各阶层居民收入分配的影响

	本阶层储蓄占城镇总储蓄的比重	本阶层税额占总税额的比重	本阶层的国债利息收入（元）	本阶层承担的税收额（元）	本阶层的国债利息净收入（元）	净利息收入/本阶层总可支配收入（%）
最低收入户(10%)	0.005265	0.023043214	1139253	4986551.522	-3847298.522	-0.001670
低收入户(10%)	0.027132	0.030720913	5871285	6648005.535	-776720.5353	-0.000220
中等偏下户(20%)	0.098055	0.075439667	21219155	16325143.87	4894011.134	0.000533
中等收入户(20%)	0.151321	0.090357673	32745873	19553400.37	13192472.63	0.001120
中等偏上户(20%)	0.234044	0.292284545	50647135	63250375.62	-12603240.62	-0.000820
高收入户(10%)	0.173663	0.18845072	37580656	40780735.83	-3200079.826	-0.000320
最高收入户(10%)	0.310521	0.299702957	67196654	64855719.85	2340934.154	0.000143

数据来源：《中国统计年鉴 2007》及笔者自己计算而得

从上面的四张表可以看出，2003、2004、2005、2006 四年，国债利息支付都给城镇居民中的最低收入户、低收入户、中等偏上户和高收入户带来了净损失，而给中等偏下户、中等收入户和最高收入户带来了净收益，这一格局与 2002 年是完全相同的。在受损的四个阶层中，最低收入户受损始终最严重，而高收入户受损最轻，这一点与 2002 年也是完全相同的。略有不同的是，自 2003 年开始，在受益的三个阶层中，中等收入户受益最多，而除 2006 年外，中等偏下户都是收益最少的阶层。

综合 2002 年后各年的情况，我们可以说，2002—2006 年，我国的国债利息支付对城镇居民中的高收入阶层有利，而对低收入阶层不利。这说明，我国国债利息支付在推动城镇各阶层居民收入差距拉大方面，是起了正向的推动作用的。

为什么会发生这样的收入分配格局呢？

根据本文第一部分模型得到的结论，各收入阶层国债净利息收入的结构，取决于其持有的国债份额的相对大小以及各自承担的税负的相对大小。从上面的表格我们可以看出来，最低收入户等四个阶层之所以受损，正是由于他们承担的税负的比例超过了持有的国债的比例。以 2005 年为例，损失最严重的最低收入层，他们持有的国债份额只有 0.1%，承担的税负份额却为 2.3%。而最高收入户等三个阶层之所以受益，也正是由于他们持有的国债比例超过了承担的税负比例。2005 年，最高收入户持有的国债份额为 32.7%，承担的税负份额为 29.4%。但是别忘了，笔者对中等及中等以下的收入阶层承担的税负是做了压低性保守估计的。因此，如果他们承担的税负份额相对更大，那么最低收入户和低收入户两个阶层受到的损失将更大；而中等偏下户和中等收入户得到的收益也要减少；相反，中等偏上户和高收入户的损失将减少，而最高收入户的收益将更大。

第六章

结　语

　　本书对 1978—2007 年我国政府债务（内债）对收入分配的影响进行尝试性研究。

　　第一章对相关领域（收入分配、中国收入分配和二元经济等三个领域）的若干经典文献，按照时间顺序进行了回顾和梳理。

　　第二章对 1978—2007 年我国收入分配的状况，从三个角度出发进行了比较全面综合的研究。本章采用 1978—2007 年我国各省城乡人口和平均收入（包括名义收入和实际收入）的数据，运用 Yao 提出的基尼系数计算和分解的方法，计算了 1978—2007 各年我国居民名义收入和实际收入各自的整体基尼系数；在此基础上，笔者先以城乡为标准划分人口群体，并将整体基尼系数分解为城乡之间基尼系数、城乡内部基尼系数和叠代基尼系数三部分，然后以东中西部地区为标准重新划分人口群体，并将整体基尼系数分解为地区之间基尼系数、地区内部基尼系数和叠代基尼系数三部分；最后，笔者研究了城镇和农村各自内部不同收入阶层之间的收入差距变动状况。研究结果表明，1978—2007 年，我国名义收入和实际收入的分配差距总体都呈扩大趋势。其中，城乡之间的收入差距，是解释收入分配差距变动的主要因素；而地区之间的收入差距的解释力，则远在其次。就城乡内部而言，城乡各自收入差距都呈扩大趋势，但农村与农村之间的收入差距始终大于城镇与城镇之间；就地区内部而言，各地区的收入差距都呈扩大趋势，但西部的收入差距基本处于最大的状态；就城乡内部各收入阶层而言，各阶层间的收入差距都呈扩大趋势，但城镇内部各阶层间收入差距的拉大，要比农村内部严重得多。

　　第三章建立了一个简单的二元经济模型，以基尼系数作为衡量收入分配差距的指标，对政府债务影响收入分配的传导机制进行理论探讨。模型从严格的假定入手，然后逐步放宽一些假定，以推导城市人口占总人口的比重、城市资本劳动比、农村有效劳动力占农村总劳动力的比重、农村资本—有效劳动比以及工业品与农业品之间的贸易条件等五个关键变量对基尼系数的影响。研究结果表明，收入分配与城市人口占总人口的比重之间呈倒 U 型曲线关系，这一结论，与 Kuznets（Kuznets，1955）、Robinson（Robinson，1976）等的结论是一致的。而随着城市资本劳动比的上升，基尼系数总呈上升趋势，不论城市人口占总人口的比重如何。就农村而言，农村有效劳动力占总劳动力的比重和农村资本—有效劳动比的上升，都会促使基尼系数下降，从而缩小收入差距。而就工农产品的贸易条件而言，如果工业品相对于农产品的贸易条件改善，那么收入分配差距会扩大；反之，如果农产品的贸易条件得到了改善，那么收入分配差距会缩小。

接下来，笔者分发行、使用和本金偿付三个环节，探讨公债对上述五个关键变量的影响，从而明确公债影响收入分配的传导机制。在发行环节，笔者探讨了即期税收的减少、财政幻觉和挤出效应等公债发行的影响，认为公债发行造成的资本所有者即期收入的增加，会直接拉大收入分配差距；资本所有者对工业品和农业品需求增加的程度不同而引发的二者相对价格的变动，是不易确定的结果，但工业品的相对价格会上升，是一个较为合理的假定，由此也会拉大收入分配差距；而公债发行的挤出效应，虽然会减缓城市资本积累的速度，减缓农村劳动力向城市的流动，从而减缓收入分配差距拉大的速度，但只要城市资本规模是在扩大而不是缩小，收入分配差距就还在拉大，虽然速度可能会减缓一些。因此可以说，公债发行环节，公债对收入分配差距总体上起到了扩大的作用。在使用环节，笔者探讨了公债不同的投资方向给收入分配带来的不同影响，认为公债资金是投向城市还是投向农村，直接决定着公债在使用环节有利于扩大还是缩小收入分配差距。一般而言，在工业化和城市化的初期和中期阶段，政府往往会重点关注城市的发展，公债资金投向城市的可能性更大，比例更大；这时，公债的使用就会加速收入分配差距的扩大。在本金偿付环节，由于其影响与公债发行基本相同，因此笔者没有再进行详细的讨论。

最后，笔者讨论了模型的假设及其结论在我国的适用性。笔者认为，1978—2007 年，我国大体满足本章模型的一些关键假设，因此可以推论，这一时期我国公债对收入分配差距、特别是城乡之间收入分配差距的拉大，是起了推动作用的。不过，随着我国工业化和城市化发展到一定程度，城市人口占总人口的比重越过了临界比例，公债投资的重点转向农村，那么在本模型的框架下，公债将对缩小收入分配差距起到积极的作用。

第四章对我国公债本金对收入分配的影响进行实证研究。笔者以公债依存度和中央公债依存度为衡量公债流量的指标，以公债负担率为衡量公债存量的指标，以第二章中计算得到的四类基尼系数——名义收入的总基尼系数、名义收入的城乡之间基尼系数、实际收入的总基尼系数和实际收入的城乡之间基尼系数作为衡量收入分配状况的指标，以人均GDP、人均GDP的平方、GDP增长率、通货膨胀率、城镇登记失业率、经济开放度、农业占GDP的比重、农村人口占总人口的比重、农业劳动力占总劳动力的比重、农村人均可使用耕地面积、固定资本形成率、高等学校毕业生率、普通中学毕业生率、普通小学毕业生率、铁路密集度和公路密集度等十六个变量为控制变量（笔者将这十六个变量分为了三组，分别代表宏观经济的三组变量：第一组代表经济的整体运行情况，第二组代表二元经济结构的情况，第三组代表经济中的生产要素状况。为避免多重共线性问题和自由度过低的问题，笔者在回归时，三组变量是分别使用的），以1981—2005年的时间序列数据为样本，分别考察公债流量和公债存量对名义收入的总体分配状况、名义收入的城乡之间分配状况、实际收入的总体分配状况和实际收入的城乡之间分配状况这四类状况的影响。分析结果表明，无论是哪个方面的收入分配状况，公债流量和公债存量规模的扩大，都对收入分配差距的拉大有正的影响。不过，二者与收入分配的关系不尽相同。以公债依存度和中央公债依存度为指标的公债流量，与收入分配之间呈倒U型曲线关系，我国目前可能正处于其左半段上；而以公债负担率为指标的公债存量，则与收入分配呈正的线性关系。

第五章就我国公债利息支付对收入分配的影响进行考察。文章首先通过一个简单模型，探讨哪些因素决定了公债利息支出的收入分配效应。笔者认为，公债利息支付带来的收入分配格局，取决于各收入阶层持有的国债份额的相对大小以及各自承担的税负的相对大小。因此，该收入分配格局是将税制结构和公债的债权人结构进行综合考量的结果。具体而言，当其他条件不变时，如果穷人持有的国债份额相对变大，或是所承担的税负相对变小，那么穷人的净利息收入相对于富人会上升；当穷人持有的国债份额足够大，并且承担的税负足够小时，穷人的净利息收入绝对额会超过富人。相反，如果富人持有的国债份额变大，或是所承担的税负相对变小，那么富人的净利息收入相对于穷人会上升；当富人持有的国债份额足够大，并且承担的税负足够小时，富人的净利息收入绝对额会超过穷人。然后，笔者以2002年为例，对我国国债利息支出的收入分配效应进行了实际考察，并对2003—2006年的情况做了分析。结果表明，2003—2006年，我国国债利息支付有利于收入相对较高的阶层，而不利于收入相对较低的阶层，其原因正是因为收入较高的阶层持有了较高的国债份额，而负担了较低的税收份额；相反，收入较低的阶层持有的国债份额较少，而负担的税收份额却较高。

由于可得资料的局限性，笔者在三个方面无法进行深入的挖掘：首先，有关公债支出具体结构的数据缺乏，因此笔者无法进一步探求公债通过哪些方面的支出影响了收入分配，而只能笼统分析公债本金规模对收入分配的影响；其次，公债被个人持有的部分在城镇各个收入阶层居民中的分布状况不得而知，因此笔者只有做出一定的假设，方能探讨公债利息支付对个人收入分配状况的影响；最后，地方债务对地方居民收入分配的影响，由于数据的缺乏而无法深入探究。因此，随着可得数据翔实度的提高，本书所关注的问题存在着进一步深入研究的潜力。

参考文献

[1] 陈国华.国债结构与国债流动性[J]江西行政学院学报,2005,7(4):51–53.

[2] 陈丽萍.国债结构存在的问题及调整的建议[J]华北金融,2003,3:45–46.

[3] 高培勇.国债运行机制研究[M]北京:商务印书馆,1995.

[4] 国家计委宏观经济研究院投资所课题组.国债政策可持续性与财政风险问题研究[J]经济研究参考,2002(60).

[5] 何莉.库兹涅茨倒 U 型假说与我国城镇居民收入分配差距分析[J]国外财经,2001(4):65–68.

[6] 胡苹.1995 年后我国城镇居民收入差距变动的实证分析[J]商业经济,2007(10):24–25.

[7] 孔泾源.中国居民收入分配年度报告(2004)[M]北京:经济科学出版社,2005.

[8] 孔泾源.中国居民收入分配年度报告(2005)[M]北京:经济科学出版社,2005.

[9] 李实,张平,魏众,仲济根.中国居民收入分配实证分析[M]北京:社会科学文献出版社,2000.

[10] 李实,史泰丽,别雍·古斯塔夫森.中国居民收入分配研究 III[M]北京:北京师范大学出版社,2008.

[11] 李实,赵人伟.中国居民收入分配再研究[J]经济研究,1999(4):3–17.

[12] 李实,佐藤宏.经济转型的代价——中国城市失业、贫困、收入差距的经验分析[M]北京:中国财政经济出版社,2004.

[13] 林燕平.中国地区国民收入差距的实证研究[M]北京:北京大学出版社,2000.

[14] 刘夏明,魏英琪,李国平.收敛还是发散——中国区域经济发展争论的文献综述[J]经济研究,2004(7):70–81.

[15] 刘怡,聂海峰.间接税负担对收入分配的影响分析[J]经济研究,2004(5):22-30.

[16]万广华,周章跃,陆迁.中国农村收入不平等:运用农户数据的回归分解[J]中国农村经济,2005(5):4-11.

[17] 杨萍.2003 年国债投资方向研究[J]经济研究参考,2003(3):14-19.

[18] 赵人伟,李实,卡尔·李思勤.中国居民收入分配再研究:经济改革和发展中的收入分配[M]北京:中国财政经济出版社,1999.

[19] 朱光磊.中国的贫富差距与政府控制[M]上海:三联书店,2002.

[20] A.H.Studenmund. Using Econometrics: A Practical Guide[M]. Boston: Pearson, 2006.

[21] Alfredo Schclarek.Debt and Economic Growth in Developing and Industrial Countries[E]. Working Paper, 2004.www.inomics.com.

[22] Anthony B.Atkinson. Income distribution and structural change in dual economy [M]// Pradip Maiti.Economic Theory In A Changing World: Policy Making For Growth. Oxford：Oxford University Press, 2005:105-118.

[23] Authur Lewis.Development with unlimited supplies of labour[M].The Manchester School, 1954,22:139-192.

[24] Azizur Rahman Khan,Carl Riskin. Income and Inequality in China: Composition, Distribution and Growth of Household Income, 1988 to 1995 [J].The China Quarterly, 1998,154:221-253.

[25] César Calderón， Luis Servén.The effects of infrastructure development on growth and income distribution[E]. Central Bank of Chile, Working Paper 2004,270.

[26] Dennis Tao Yang.Urban-Biased Policies and Rising Income Inequality in China [J].The American Economic Review, 1999,89(2):306-310.

[27] D. J. Aigner， A. J. Heins. On the Determinants of Income Equality [J].The American Economic Review, 1967, 57(1): 175-184.

[28] Dwayne Benjamin， Loren Brandt， John Giles.The Evolution of Income Inequality in Rural China [J].Economic Development and Culture Change,2005,53 (4): 769-824.

[29] Erich Weede and Horst Tiefenbach. Some Recent Explanations of Income Inequality: An Evaluation and Critique[J]. International Studies Quarterly, 1981,

25(2):255–282.

[30] Franc, ois Bourguignon and Christian Morrisson. Inequality and development: the role of dualism [J].Journal of Development Economics, 1998, 57:233–257.

[31] Francois Bourguignon.Growth and inequality in the dual model of development: the role of demand factors[J].The Review of Economic Studies,1990, 57(2): 215–228.

[32] Francois Bourguignon and Luiz A Pereira da Silva.The impact of economic policies on poverty and income distribution: evaluation techniques and tools [M]. Washington, DC : Copublication of the World Bank and Oxford University Press, New York.2003.

[33] Fran?ois Nielsen and Arthur S. Alderson.The Kuznets Curve and the Great U–Turn: Income Inequality in U.S. Counties,1970 to 1990 [J].American Sociological Review, 1997, 62(1): 12–33.

[34] Gary S. Fields. Inequality in dual economy models [J].The Economic Journal, 1993,103:1228–1235.

[35] Guanghua Wang and Zhangyue Zhou.Income Inequality in Rural China: Regression–based Decomposition using Household Data [J]. Review of Development Economics, 2005,9(1):107–120.

[36] Gustav Ranis and John C.H.Fei. A theory of Economic Development[J].American Economic Review,1961, 51(4):533–565.

[37] Humberto Lopez. Macroeconomics and inequality [E].The World Bank Working Paper,2003. www.worldbank.org.

[38] Jacob Cohen. Distributional Effects of the Federal Debt[J].The Journal of Finance, 1951, 6(3):267–275.

[39] James M. Buchanan. Public Finance in Democratic Process[M].The University of North Carolina Press,1967.

[40] Jeffrey G. Williamson , Peter H. Lindert. American Inequality: A Macroeconomic History[M]. London: Academic Press,1980.

[41] John E. Anderson. Public Finance: Principles and policy[M].New York: Houghton Mifflin Company,2003.

[42] John R. Harris , Michael P. Todarro. Migration,unemployment and development: a

two-sector analysis [J].American Economic Review,1970,60:126-142.

[43] Jonathan Morduck , Terry Sicular. Rethinking Inequality Decomposition, with Evidence from Rural China[J].The Economic Journal,2002,112:93-106.

[44] Jonathan R. W. Temple. Growth and wage inequality in a dual economy[J].Bulletin of Economic Research, 2005,57:2,145-169.

[45] Jong-Il You , Amitava Krishna Dutt. Government Debt, Income Distribution and Growth[J]. Cambridge Journal of Economics, 1996, 20(3):335-351.

[46] Mario I. Blejer , Isabel Guerrero. The impact of macroeconomic policies on income distribution an empirical study of Philippines [J].The Review of Economics and Statistics, 1990, 72(3):414-423.

[47] Michael P. Todarro. A model of labor migration and urban unemployment in less developed countries[J].American Economic Review,1969,59:138-148.

[48] Montek S. Ahluwalia. Income distribution and development: some stylized facts[J]. The Amercian Economic Review,1976, 66(2):128-135.

[49] M.O. Odedokun, Jeffery I. Round. Determinants of inequality and its effects on economic growth: evidence from African countries[J].African Development Review, 2004, 16(2):287-327.

[50] Nong Zhu ,Xubei luo. Nonfarm Activity and Rural Income Inequality: A Case Study of Two Provinces in China[E].World Bank Policy Research Working Paper 3811.2006.www.worldbank.org.

[51] Oded Galor , Daniel Tsiddon. Income Distribution and Growth: The Kuznets Hypothesis Revisited[J]. Economica, 1996, 63(250):103-117.

[52] Patric Vanhoudt. An assessment of the macroeconomic determinants of inequality [E].Working Paper,49.The European Institute of Japanese Studies,1998.

[53] Peter H. Lindert ,Jeffrey G. Williamson. Growth, equality and history[M].Harvard Institute for Economic Research,1984.

[54] Philip E. Taylor. The Economics of Public Finance[M]. New York: The Macmillan Company,1948.

[55] Rob erbt J. Barro.Inequality and growth in a panel of countries [J].Journal of Economic Growth, 2000,5:5-32.

[56] Robert J.Barro.Are government bonds net wealth? [J].The Journal of Political Economy, 1974, 82,No(6):1095–1117.

[57] Sherman Robinson.A Note on the U Hypothesis Relating Income Inequality and Economic Development[J].The American Economic Review, 1976, 66(3):437–440.

[58] Shujie Yao. Decomposition of Gini coefficients by income factors: a new approach and application[J].Applied Economics Letters,1997,4:27–31.

[59].Shujie Yao. Industrialization and spatial income inequality in rural China,1986–92 [J].Economics of Transition,1997, 5(1):97–112.

[60] Shujie Yao.On the decomposition of Gini coefficients by population class and income source: a spreadsheet approach and application [J].Applied Economics, 1999,31:1249–1264.

[61] Shujie Yao.Economic Growth, Income Inequality and Poverty in China under Economic Reforms[J].The Journal of Development Studies,1999, 5(6):104–130.

[62] Shujie Yao , Zongyi Zhang. Regional Growth in China Under Economic Reforms[J]. The Journal of Development Studies,2001, 38(2):167–186.

[63] Shujie Yao , Zongyi Zhang. Economic growth and diverging clubs: a case study of the Chinese regions[J]. Applied Economics Letters,2002, 9:833–836.

[64] Shujie Yao.Economic growth,income distribution and poverty reduction in contemporary China[M].London,New York: Routledge Curzon,2005.

[65] Shuanglin Lin.Government debt and economic growth in an overlapping generations model[J]. Southern Economic Journal,2000, 66(3):754–763.

[66] Shuanglin Lin and Wei Rowe.Determinants of the profitability of China's regional SOEs[J].China Economic Review,2006, 17(2):120–141.

[67] Simon Kuznets. Economic growth and income inequality [J].American Economic Review,1955 , 45(1): 1–28.

[68] Vito Tanzi.Fundamental Determinants of Inequality and the Role of Government [E].IMF Working Paper.1998,www.imf.org.

[69] Xin Meng.Economic Restructuring and Income Inequality in Urban China [J]. Review of Income and wealth, 2004, 50(3):357–379.

[70] Xinmin Wu and Jeffrey M. Perloff. China's Income Distribution, 1985–2001[J].

The Review of Economics and Statistics,2005,87:763–775.

[71] Xueguang Zhou.Economic Transformation and Income Inequality In Urban China: Evidence from Panel Data [J].The American Journal of Sociology,2000, 105 (4): 1135–1174.

[72] Y.S.Brenner and Hartmut Kaelble and Mark Thomas. Income distribution in historical perspective[M].New York: Cambridge University Press.1991.